KB044373

질문이 멈춰지면
스스로 답이 된다

나와 세상에 속지 않고 사는 법

원제 지음

하늘, 바람, 나…, 모두가 흐름으로서 노릇합니다

질문이 멈춰지면
스스로 답이 된다

나와 세상에 속지 않고 사는 법

원제 지음

불광출판사

사람과 세상은 이미 그대로 답입니다

제가 존경하는 한 어른스님께서는 '중놀이'라는 말을 자주 언급하셨습니다. 말씀하시는 맥락에선 수행자로서의 삶이나 스님으로서의 노릇을 뜻합니다. 그런 스님의 뜻을 십분 이해하면서도 저는 한편으로 이런 생각을 하기도 하였습니다. 그 놀이가 삶이나 노릇만을 뜻할 것이 아니라, 놀이 그 자체를 뜻하는 것이 되어도 좋겠다고 말입니다.

삶을 고통으로 규정하는 것은 사람의 분별과 집착 때문입니다. 하지만 그 어떤 가르침을 거치든, 나름의 방식으로 깨달음을 얻든 해서 이 분별과 집착의 층이 엷어진다면, 삶이 본래 지닌 자유스러움의 면목이 한결 드러나게 됩니다. 더 나아가 삶을 바라보는 안목과 '나'라는 존재가 온전한 전환을 이룬다면, 그때의 삶은 고통으로 허덕이는 진흙탕이 아니라 본래 있어 왔던 자유가 생생하고도 신명나게 벌어지는 장이 될 수 있습니다. 나에게만 갇혀 산다면 사람이나 세상은 상대해야 할 의문투성이겠지만, 나라는 집착에서 벗어난다면 사람이나 세상은 그대로 온전한 답입니다. 그때에 비로소 나 또한 답으로서 노릇할 수 있는 것입니다.

저는 출가해서 선원에 살고 있는 수행승입니다. 그러나 이뿐만이 아닙니다. 저는 부모님에게 아들이며, 누군가에겐 오랜 친구이고, 어느 공부인에게는 스승이며, 세계 일주를 한 여행가이며, 컴퓨터 게임을 즐기는 땡중이고, 틈틈이 글을 쓰는 작가이기도 합니다. 세상에 여러 삶이 있는 것 뿐 아니라, 단 한 개인에게도 이처럼 다양한 삶의 모습과 역할이 있습니다. 답을 정해서 고정시키려고만 하지 않는다면, 이미 답은 다채롭게 펼쳐져 있습니다. 어느 한 역할에만 머무르려 고집하지 않는다면 동시에 여러 역할들도 아무런 걸림 없이 원만하게 이루어 갈 수 있음을 저는 저의 '중놀이'로 확인하고 있습니다.

고정된 실체란 없습니다. 실체화라는 망념의 감옥에서 벗어날 수만 있다면, 나로 향한 편중된 집착에서 벗어날 수만 있다면, 그렇게 그릇된 질문에서 벗어날 수만 있다면, 사람과 세상은 이미 그대로 답입니다. 엄숙한 분위기가 서려 보이는 절도, 치열한 수행의 열의가 가득해 보이는 선원도 수많은 답들이 즐겁게 어우러지는 삶의 공간이며, 어찌 보면 즐거운 놀이터입니다. 질문한다면 고민이겠지만, 답이기에 누리는 것입니다. 답은 펼쳐진 것이고, 확인하는 것이고, 누리는 것이고, 써먹는 것입니다.

답은 구하는 것이 아닙니다. 단지 잘못된 질문이 멈춰지는 것입니다.
그러할 때 답으로서 살게 되는 것입니다.

2019년 10월 19일 김천 수도암에서
원제

들어가며 | 사람과 세상은 이미 그대로 답입니다

1장 아주 오래된 질문 | 나는 누구인가

intro... 다이아몬드보다 소중한 것 14 봄바람 17

서핑 18 · 꿈속에서 만난 여인 24 · '나'는 하나의 흐름이다 26 · 눈앞이 따라다니다 32 · 거기에 그대가 없을 때 35 · 주인 의식과 객 의식 38 · 제일 가까운 친구 42 · 존재는 전부를 가지는 것 45 · 나의 암소는 무엇인가 48 · 모두가 나의 일 54 · 모든 존재가 본래 그러합니다 57 · 니 얘기 59 · 존재 이유 62

2장 삶에 대한 의심 | 내가 '나'가 아닐 때에야 속지 않는다

intro... 영원한 사랑 66   진실 67   자기 마음을 속이지 마라 69

하정우의 마지막 식사 70 · '나'라는 통로 74 · 떨어진 감 78 · 자승자박 81 · 스승은 있다 86 · 공덕천과 흑암녀 89 · 벽을 넘는 용기 96 · 킬링 법문 104 · 내 등불을 꺼야지만 109 · 눈먼 자여 눈을 떠라 115 · 좀비와 해바라기 119 · 알고 하는 것과 모르고 하는 것 125

3장 문제인가 상황인가 | 흐름에 나를 맡기다

intro... 자신감 130   침묵 131   기회 133

판단 중지 134 · 보내는 연습 140 · 왜 문제를 극복하려고만 하는가 145 · 새
야, 새야 149 · 중고나라 김군 151 · 법륜 스님은 낚시꾼 156 · 상황과 대응 161
· 이만하면 됐다 166 · 하나님은 청하기도 전에 응답하셨다 171 · 간판이 무슨
상관 177 · 가장 훌륭한 대비 180

4장 절벽의 끝으로 | 내가 쓰는 드라마를 끝내야 할 때

intro... 불혹 184   칭찬과 비난 189

견디는 것이 전부이다 190 · 되는 노력 196 · 삶을 바꾼 15분 201 · 지금 당장,
침 한번 멀리 뱉어 보세요 205 · 무조건 211 · 그 고통이 누구에게서 일어나고
있습니까? 213 · 적당히 건강하고 적당히 행복하세요 218 · 여인숙 222 · 정
화와 감화 225

5장 그물에서 바람으로 | 아무것도 아닐 때 비로소 아무거나 될 수 있다

intro... 그물과 흐름 232   걸림돌과 디딤돌 234   가랑비 235

삶이라는 드라마의 끝 236 · 비움의 공덕 240 · 세상이 숨을 쉰다 246 · 갇혀
살 때는 모릅니다 249 · 순종과 자유 252 · 텅 빈 충만 257 · 무소유 261 · 다시
태어나도 우리 264 · 묵언 267 · 한소식 일러 봐라 270 · 새해 첫 하루 273

1장

아주 오래된 질문

나는 누구인가

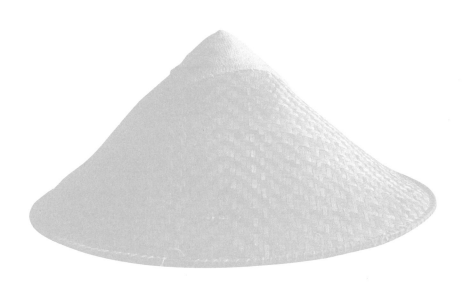

다이아몬드보다 소중한 것

다이아몬드는 화려한 빛을 반사하는 진귀한 보석입니다. 보석들 중에서도 가장 비싼 보석으로 분류됩니다. 그런데 이 다이아몬드보다 더 비싸고, 더 화려하고, 더 소중한 게 있습니다. 그게 뭘까요.

그건 빛입니다.

만일 빛이 없다면 다이아몬드는 볼품없고 쓸모없는 작은 돌덩이에 지나지 않습니다. 빛이 있기에 다이아몬드가 빛이 나고, 화려해지며, 값비싼 보석이 됩니다. 그런데 정작 빛 자체에는 값이라는 게 없습니다. 무색투명하기에 화려함도 없으며, 그냥 자연스레 당연히 있는 것이기에 비교할 수 있는 대상으로서의 희귀함도 없습니다.

다이아몬드에만 현혹되지 말고 빛을 보십시오. 볼 수도 없고 잡을 수도 없는 이 빛이야말로 무가진보無價眞寶, 즉 가치를 매길 수 없는 진정한 보배입니다. 가격이 없는 게 진정으로 비싼 것이고, 화려함이 없는게 진정 화려한 것이며, 희귀함이 없는 것이야말로 진정으로 소중한 겁니다.

볼 수 없는 이 빛을 보아야만 하는 겁니다.

봄바람

자유롭게 하늘을 나는 새를 부러워한 한 사람이 있습니다.
새처럼 자유롭고 싶다고요.

그러나 그는 보지 못했던가요?

그 어느 곳이고 한가로운 봄바람이 언제나 그 앞에 불고 있었는데 말
이죠. 아마도 그의 귓가도 스쳐 지나갔을 것이고, 그의 눈앞에 벚꽃잎
을 떨어뜨려 놓기도 했을 것이고, 더러 꽃향기도 코앞까지 실어다 주
기도 했다는 걸 말이죠.

보지 못했나요?
그 새 말이에요.

봄바람 타고 있었잖아요.

서핑

세계 일주할 때였습니다. 발리의 한인 숙소에서 한 서퍼를 만났습니다. 저녁에 마당 의자에 앉아 이런저런 얘기를 해보니, 이 친구는 사실 스노보드 국가대표 선수였습니다. 겨울이 아닌 여름 시즌에는 발리에 와서 서핑을 한다고 했습니다. 그러면서 자신에 대해 이렇게 말합니다.

"스님, 저는 이 판때기 위에서 벗어날 수가 없어요."

자신의 삶은 지금까지 보드판 위에서의 인생이라는 것이었습니다. 스노보드든, 서프 보드든 모두 판때기인 건 마찬가지입니다. 그런 친구가 물었습니다.

"스님, 스님들이 출가를 한다는 게 가족에게나 주변 지인들에게 고통과 상처를 주는 이기적인 결단 아닌가요?"

아주 간혹 듣는 질문입니다. 제가 대답했습니다.

"예, 그렇게 생각할 수 있지요. 누군가에게는 출가라는 게 그다지 의미가 없는 일일 수도, 혹 부러운 행동일 수도 있고, 또 어떤 누군가에게는 분명 상처가 되기도 하는 일이기도 하지요. 제 부모님이 특히나 그러셨겠지요…."

차례와 세배를 마치고 해인사로 출가하는 설날 아침, 아버지는 바둑을 둔다고 아예 저를 쳐다보지도 않으셨고, 어머니는 아파트 입구까지 나와 제 팔을 부여잡고 우셨습니다. 누이들은 멀찌감치 서서 이러지도 저러지도 못하고 발만 동동 구를 뿐이었습니다. 하지만 모두가 그런 건 아니었습니다. 출가를 응원해 준 제 친구들도 있었으니까요. 한번 안아주며 잘 살라고 응원해 주었습니다. 친구니까 그럴 수 있었을 것입니다. 그런데 이런 순간의 상황만 있는 게 아닙니다. 시간도 있습니다. 시간은 흐릅니다. 그래서 상황은 변화합니다. 상황이 변화하니 생각도 변하고 의미도 변합니다. 모든 게 변합니다. 이것이 참 중요합니다.

제가 출가하고 몇 년 동안 부모님은 아마도 저를 퍽 원망하셨을 것입니다. 대학까지 졸업시켜 이제 번듯한 사회인으로 자리매김하는 모습을 흐뭇하게 지켜보기를 기대하셨지만, 이를 다 팽개치고 절로 들어가겠다고 하니 속이 많이 상하셨을 것입니다. 하지만 사람의 마음이란 게 그리 한 모습만이겠습니까. 시간이 흘러 나이가 들고, 친구들도 하나둘 세상을 떠나고, 애지중지 키워놓은 자식들이 온갖 말썽을 부려대는 모습도 더러 보셨을 겁니다. 그러면서 무심하게 출가해버린 자식에 대한 원망도 차츰 내려놓게 되고, 어떤 때에는 아들이 출가한 상황이 되레 편안하게 보셨을지도 모릅니다. 특별히 좋은 일도 없지만, 절에 머무르며 수행이라는 것을 한다며 저 좋은 대로 살고 있으니 나쁜 일도 없기 때문입니다. 좋음도 없고 나쁨마저도 없으면, 그냥 그대로 편안해지는 것이기도 합니다.

시간이 흐르고 마음이 변한다는 사실을 저는 일찌감치 알았습니다. 물론 많은 사람들이 이 사실을 알지만, 일상에서 깊게 체화하며 받아들이는 것은 쉽지 않습니다. 여전히 마음을 붙잡으려 하고, 헛된 생각에 얽매이고, 지나간 시간을 그리워합니다. 그렇게 마음에 부림을 받으며 사는 게 우리들의 모습입니다. 앎과 삶이란 이렇게 다른 것입니다. 절에 들어온 지 6년이 지나서야 가족들을 처음으로 만났습니다. 조모와 부모님, 누이들, 매형, 조카들, 고모부 내외까지 대가족이 제가 머물고 있는 수도암으로 찾아왔습니다. 큰 사형스님이 먼저 가족들과 함께 차를 마신 뒤 나중에 제가 다실로 들어갔습니다. 차를 내리는 팽주 자리에 앉아 보니, 작은 방 안에 많은 가족들이 옹기종기 모여 있는 게 보였습니다. 6년의 시간이 지났으니, 모두들 조금씩 나이가 든 모습이었습니다. 가족들 얼굴을 한번 쓰윽 둘러보고 난 뒤, 문득 이러한 말이 떠올랐습니다.

'사람들이 왔구나…'

분명 제 가족이지만 그렇게 '사람들'로 떠올랐습니다. 그런데 제일 앞에 앉아 있던 조모께서 저를 빤히 쳐다보며 하신 말씀이 워낙 인상적이었습니다.

"그런데요, 스님…. 우리 OO이는 언제 와요?"

가족들이 박장대소하며 웃었습니다. OO이는 바로 눈앞에 있지 않느냐고 말해 주었습니다. 조모의 눈이 휘둥그레졌습니다.

"아니, 니가 진짜 OO이여?"

조모는 눈앞의 저를 의심하셨습니다. 정도는 다를지언정 가족들 모두 조모와 비슷한 마음이었을 것입니다. 모두들 아들, 오빠, 남동생, 조카를 보러 대전에서, 서울에서 멀리 김천 산골까지 달려왔건만, 정작 눈앞에 나타난 것은 민머리 스님이었던 것입니다. 제가 가족들을

'사람들'로 보았듯 가족들도 저를 '스님'으로 보았던 것입니다.

세계 일주를 다녀온 뒤부터 해마다 추석이면 대전 부모님 집에 찾아갑니다. 추석 전날 점심 즈음에 도착해서 하룻밤 머물고, 추석 당일 아침에 차례를 지낸 뒤 다시 수도암으로 돌아옵니다. 대전 집에 갈 때마다 소고기를 사갑니다. '아니 스님이 돈도 없을 텐데 뭐 이런 소고기를 사와요?'라고 어머니가 물으면, '아까 오는데 버스 정류장 바닥에 떨어져 있던 거 냉큼 주워 왔어요'라고 대꾸합니다. 제가 대전 집에 왔다는 소식을 듣고는, 인근에 사는 친척들이 저를 보기 위해 집으로 몰려옵니다. 일 년에 한 번 얼굴을 볼 수 있으니 반갑게 인사하고 간단하게 얘기를 나누고는 돌아갑니다. 수도암에서는 한 시간 차를 타고 나가야 갈 수 있는 스타벅스가 바로 코앞에 있어서 곧장 커피 마시러 나가기도 합니다. 오랜만에 보는 사람들이니 그때마다 부모님이나 누이들도 새롭게 보이고, 알지 못했던 매형도 서서히 눈에 들어옵니다. 그렇게 딱 하루만 자고 이튿날 다시 수도암으로 돌아옵니다. 이왕 집에 갔으니 며칠 지내고 오면 가족들이 더 좋아하지 않겠느냐는 지인들의 말에 이렇게 대꾸합니다.

"그러면 희소성 떨어져요. 사람이 희소성도 있어야지요. 하룻밤이면 좋아요. 이틀, 사흘 있다 보면, 차례 상에 올릴 전 부치라고, 거실 청소하라고, 밭일 하러 가자 하고, 막 이런 거 시킬지도 몰라요. 제가 일 하는 걸 얼마나 싫어하는데…."

지인들이 깔깔깔 웃습니다. 지금은 부모님과 잘 지냅니다. 일 년에 두 번 전화를 드리고, 추석날 하루는 대전 집에서 잡니다. 아무런 격정거리 드린 적 없이 절집에서 수행하며 잘 지내고 있으니, 이 정도면 나름대로 효자 노릇하는 것이라고 한 사형스님께서 말씀해 주신 적도 있습니다. 만약 이 와중에 제가 부모님께, 저 환속할라요, 수도리 마을에 향숙이하고 결혼해서 염소 키우며 살라요, 염소 삼백 마리 사주세요, 라고 한다면, 그때부터 부모님은 꽤나 골치를 앓을 것입니다. 왜 지금까지 절에서 잘 살아놓고 그러냐며 저를 말리려 들 것입니다.

시간이란 이런 것입니다. 아들의 출가 소식을 처음 들었을 때는 갑작스럽게 변한 상황을 받아들이고 감당하기 힘들어 울분을 느끼기도 하셨을 테지만, 시간이 흘러 그 마음 누그러들고, 또 아들래미가 일 년에 한두 번은 전화를 하고 추석에 와서 하룻밤은 꼭 자고 가면서 스님으로 잘 살고 있으면, 스님이 된 아들이 영 밉지만은 않을 것입니다. 곧 책을 출간할 거라는 문자를 드리자 아버지는 이런 답문을 보내셨습니다.

'우선 축하합니다. 정리된 본인의 사상, 철학, 관심 분야를 기록으로 남긴다는 것은 큰 의가 있죠. 심사숙고하고 보완 정리하여 귀한 보물로 탄생하길 기대합니다.' 아버지는 글을 쓰는 취미를 가지셨습니다. 그렇기에 책을 내는 아들이 내심 뿌듯하셨을 것입니다.

시간은 흐르고 상황은 변합니다. 모든 것은 변합니다. 무상無常은 결코 나쁜 게 아닙니다. 흐르는 것을 받아들이고 변하는 것에 적응하면 매 장소, 매 순간이 새로운 모습으로 재탄생할 수 있는 근거가 바로 이 무상에 있습니다. 무상은 결코 나이 지긋한 분이 인생에 대한 회한의 심경을 언급할 때 쓰는 단어가 아닙니다. 무상은 그 모든 가능성이 다채롭게 펼쳐지도록 하는 인간 본연의 '자유 선언'입니다. 무언가에 매여 있는 사람에게 무상은 고통의 원인이 되지만, 그 어떤 것도 고집하지 않는다면 무상은 가능성의 무한한 열림이 됩니다. 석가모니 부처님은 제행무상諸行無常을 고통의 근거로만 말씀하시려고 오신 게 아닙니다. 인간에게 본래 있는 자유라는 무한한 가능성을 온 세상 온 사람들에게 당당히 선언하기 위해 오신 것입니다.

흔히 인생을 고해苦海에 비유하며, 파도는 인생의 크고 작은 다양한 고통이라고 말하기도 합니다. 그리고 부처님의 가르침을 이 크고 거친 바다를 안전하게 건널 수 있는 배에 비유합니다. 부처님의 가르침에 힘입어 이 고해를 무사히 건널 수 있다는 것입니다. 충분히 이해가 가는 비유입니다. 그러나 저는 이해에만 머무를 생각이 없습니다.

무상이 결코 고통의 근거가 아니라 자유의 무한한 가능성임을 알기에, 그것이 석가모니 부처님의 무상을 설하신 본뜻이며 이 세상에 나오신 이유임을 알기에, 저는 고통의 파도를 결코 버리거나 떠나지 않으리라 결심했습니다. 안전한 배 위에서 먼발치로 보이는 파도를 바라보며 분석하고 이런저런 의미를 넣어 규정하는 일 따위는 하지 않겠습니다. 도리어 저는 곧장 바다로 뛰어들겠습니다. 왜냐고요?

여기 '원제'라는 판때기가 있고, 말과 글, 생각이라는 기술이 있습니다.

저 파도가 고통이라고요? 헛헛, 하고 웃고야 말겠습니다.

저는 서핑할 겁니다.

꿈속에서 만난 여인

출가를 결심한 것은 군대에서였습니다. 군에 있을 때 이상한 꿈을 많이 꾸고, 꿈같은 일들을 현실에서 겪기도 했습니다.

'꿈'에서는 눈앞에 흔들리며 떠다니는 먼지 하나를 손가락으로 잡는 순간 온 우주가 광활하게 펼쳐지는 일이 있었습니다. 제 눈앞에서 조그마한 푸른 별 지구도 보았고, 그 지구에서 살아가는 모든 사람들의 숨겨진 마음을 여과 없이 느껴버리고는 한없이 울기도 했습니다. 훗날 출가를 해서 수행을 하다 보니 이를 '경계'라고 부른다는 것을 알았습니다. 〈법성게〉의 '한 티끌 속에 온 우주가 다 들어있다(一微塵中含十方)'는 구절을 보며 놀라기도 했습니다.

'현실'에서는 15분 전까지 나무 그늘 밑에서 농담을 주고받던 미군 친구들이 돌연 전차에 깔려서 죽는 일이 벌어졌습니다. 제 눈앞에서 벌어진 꿈같은 일이었습니다. 꿈이 마치 현실 같고 현실이 마치 꿈과 같이 느껴지던 시기였습니다. 무어라 정확하게 표현할 수는 없지만, 그때 마음속 많은 것들이 무너져 내렸다는 사실을 알았습니다. 그런 이유로 출가를 결심했습니다.

그런데 그즈음 꿈속에서 한 여인을 유독 자주 만나게 되었습니다. 혈기 왕성한 젊은 남자들이 으레 그러하듯 꿈속의 저는 여인과 좋은 시간을 가졌습니다. 그런데 이상했습니다. 여인은 좀처럼 저에게 얼굴을 보여 주지 않으려 했습니다. 저는 여인과 관계를 가지다가 문득, 이 여인의 얼굴을 보지 못했다는 생각이 들어 그 얼굴을 보려 했습니다. 하지만 여인은 고개를 들지 않았습니다. 제가 얼굴을 보려 할 때마다 고개를 다른 쪽으로 돌렸습니다. 어느 날 꿈에선가 오늘은 반드시 여인의 얼굴을 보아야겠다고 결심했습니다. 여인은 여전히 제 시선을 요리조리 피해 다녔습니다. 그러나 저는 반드시 그 여인의 얼굴을 보아야만 했습니다. 그러다 결국 여인의 얼굴을 보게 된 순간, 저는 그만 소스라치게 놀라며 꿈에서 깨고야 말았습니다.

그 여인의 얼굴. 그건 저였습니다.

꿈에서 깬 뒤 차마 뇌리에서 떠나지 않던 건 그 눈빛이었습니다. 여인의 모습을 한 제가 저를 한심하다는 듯 쳐다보고 있었던 것입니다. 그것은 마치 '너 아직 이러고 사니…' 하는 표정이었습니다. 그 눈빛과 표정이 너무 생생해서 그날 밤엔 쉽게 잠들지 못했습니다.

군대 시절에 겪은 여러 일들로 마음이 달라지고 인식도 변화했습니다. 여인의 모습을 한 저 역시 그러한 과정 중의 하나였습니다. 스님이 되어서는 '그 어느 것도 나를 벗어난 적이 없고, 그 어느 것도 나 아님이 없다'라는 말을 간혹가다 하기도 합니다. 그때를 돌이켜보면 한 점의 먼지도, 광활한 우주도, 푸른 별 지구도, 그 모든 사람의 마음도, 전차에 깔려죽은 미군도, 꿈속에서 만난 여인도, 저를 벗어난 적이 없고, 저 아님도 없었던 것이란 생각이 듭니다.

'나'는 하나의 흐름이다

죽음이 있다는 것을 안 것은 아마 대여섯 살쯤으로 기억됩니다. 결국
에는 나도 죽고 엄마도 죽고 아빠도 죽고 이 세상 모든 사람들이 죽는
다는 사실을 알고 엄청난 충격을 받았습니다. 무척 슬퍼서 울었습니
다. 어머니가 왜 우냐고 물었습니다. "엄마, 나 죽는대." 그러자 세상에
이렇게 재미난 말도 없다는 듯 깔깔거리며 웃던 어머니의 모습을 아직
도 선명하게 기억합니다. 심각하게 억울하고 우울했던 제 마음은 아랑
곳없이 웃어대는 어머니가 얄미울 정도였습니다. 그때 어머니 나이가
이십 대 후반 즈음이었을 것입니다. 지금 생각해 보면, 엄마이긴 하되
여전히 소녀이기도 한 그런 나이였습니다.

　제가 처음으로 죽음을 마주한 것은 '가재'였습니다. 유치원에 다
닐 때 골목대장이었던 저는 친구들을 이끌고 옆 동네 뒷산으로 원정
놀이를 갔습니다. 친구들은 계곡에서 가재를 한 마리씩 잡아 널찍한
바위 위에서 서로 싸움을 시켰습니다. 한참 재밌게 놀고 난 뒤 집에 돌
아갈 시간이 되자, 친구 하나가 큼지막한 돌멩이를 들고 오더니 아무
렇지도 않게 가재를 돌로 찍어 죽여버렸습니다. 뭉개진 껍질 사이로
허연 속살이 삐져나온 가재는 한동안 몸부림치며 꿈틀거렸습니다. 실
로 엄청난 충격이었습니다.

　그러나 거기서 끝이 아니었습니다. 다른 친구들도 돌을 들고 와

자기가 가지고 놀던 가재를 돌로 찍어 죽였습니다. 저는 마치 세계가 무너지는 듯한 큰 충격에 빠졌습니다. 아무 말도 못 하고 멍하니 가재가 죽어가는 모습을 보았습니다. 하지만 골목대장인 저는 애써 놀란 티를 내지 않으려 했습니다. 태연한 척 제가 데리고 놀던 가재를 계곡물에 휙 집어던지고는, 이제 그만 집에 돌아가자고 큰소리로 아이들을 불러 모았습니다. 그러나 집으로 돌아가는 내내 가재가 죽어가는 모습이 눈앞에서 떠나지 않았습니다.

다음날 친구들이 다시 그 계곡에 가서 놀자고 했습니다. 계곡에 도착한 뒤 친구들은 저마다 이 돌 저 돌 뒤집으며 가재를 찾아 나섰습니다. 저는 무섭고 두려웠습니다. 만일 친구들이 다시 가재를 잡는다면 그 가재들은 놀이가 끝난 뒤에 끔찍하게 죽어나갈 것이었습니다. 저는 가재가 있는 곳을 정확히 알고 있었습니다. 그러나 태연한 척 반대쪽으로 아이들을 데리고 갔습니다. 골목대장의 말을 따라 자리를 옮긴 친구들은 그날 가재잡이에 허탕을 칠 수밖에 없었습니다.

처음으로 죽음이 있음을 알았을 때는 몰랐습니다. 죽음이 들어왔을 때 태어남도 같이 들어왔다는 사실을 말입니다. 죽음과 태어남은 한 짝입니다. 선과 악이 짝이고, 옳음과 그름이 짝이고, 행복과 불행이 짝이듯, 생과 사도 한 짝입니다. 이는 마치 공덕천과 흑암녀*가 한 자매인 것과 같습니다. 그 둘은 결코 떨어진 적이 없습니다. 모든 것이 짝이기에, 다만 어느 짝만 없어지면 다른 한쪽도 같이 사라집니다. 죽음이 사라지면 태어남도 사라집니다. 선한 것이 사라지면 악한 것도 사라집니다.

옳음이 사라지면 그름 또한 사라집니다. 행복이 사라지면 불행도 사라집니다. 공덕천이 없다면 어떻게 흑암녀가 따라다닐 수가 있겠습니까. 하나가 사라지면 그 상대도 사라지고야 맙니다.

그런데 그렇게 모든 것들이 사라지면 아무것도 남지 않게 되는 것일까요? 아닙니다. 모든 것이 사라진 곳에서 그 모든 것들이 동시에 생생하게 살아나게 됩니다. 《열자列子》에는 다음과 같은 구절이 나옵니다.

'태어나지 않고 변화하지도 않는 도道가,
태어나는 것을 태어나게 하며 변화하는 것을 변화하게 한다.'

골짜기 신이든, 신비한 여인이든, 도道든, 진여(眞如, 진리)든, 본래면목이든, 하나님이든, '그것'이든, '이것'이든, 그 뭐라 부르든, 이 이름 부를 수 없고 규정할 수 없는 것에서 그 모든 것들이 생성하고 변화하며 소멸하는 것이지, 이 전체라는 근원은 애초부터 생멸하는 것도 변화하는 것도 아닙니다. 그렇다고 있는 것도 아니고 없는 것도 아니며, 동시에 있는 것이기도 하고 없는 것이기도 하며, 있음과 없음이 함께 하기에 중도中道라 부르기도 했습니다. 이 중도는 태어나는 것도 아니고 변화하는 것도 아닙니다. 오히려 태어남과 변화마저도 감싸 안습니다.

그럼 '나'란 무엇일까요? 나 역시 드러남이고 흐름입니다. 따로 중심을 만들지도, 실체로서 고정시키지 않는다면, 나는 '규정할 수 없는 전체'이면서 동시에 분명한 '드러남의 흐름'이 되는 것입니다. 이것

28

이 전체이자 하나이고, 하나면서 전체인 도리입니다. 그러나 나를 몸과 생각에 기반한 실체로 만들면, 그 실체화에 힘을 입어 곧장 나와 분리된 남도 실체화됩니다. 내 몸이라는 경계로 분리되는 바깥도 실체화됩니다. 선이 생기니 악이 생기고, 옳음이 생기기에 그름이 생기고, 행복이 생기기에 불행이 생기고, 태어남이 생기기에 죽음이 생깁니다. 이는 '나'라는 실체로 만든 집 안에, 공덕천이 들어오니 곧장 흑암녀가 따라오는 것과 같습니다. 그 모든 대립되는 분별이 동시에 생성되는 것입니다.

나는 드러남이라는 노릇이고, 인연에 따른 흐름입니다. 나를 세상과 모든 판단의 중심에 두지만 않는다면, 몸과 생각에 기반을 둔 실체로만 여기지만 않는다면, 나는 전체로서 존재할 수 있고, 또 낱낱의 인연에 따라 알맞은 흐름으로서 노릇할 수 있습니다. 이 붙잡을 수도, 규정할 수도, 의미 매길 수도 없는 흐름에, 이 생생한 흐름으로서의 자유가 있는 것입니다.

> ◆ 공덕천과 흑암녀 : 아름다움과 행운을 불러오는 선녀 공덕천과 못생기고 불운을 달고 다니는 흑암녀는 항상 붙어 다니는 쌍둥이 자매이다.

같이 움직이고 있구나.
이 전체가 함께 움직이고 있는 거구나.

눈앞이 따라다니다

지난 가을 망월사에서 영산전 철야 기도를 하는데 서울에 사시는 김선생님 부부가 찾아오셨습니다. 도봉산에 올라 커다란 바위 위에서 산 아래를 굽어보던 차에 김 선생님이 이런 말을 하십니다.

"요즘에는 스님이 예전에 말씀하신 '눈앞이 따라 다닌다'라는 말을 화두삼아 살아가고 있습니다."

'눈앞이 따라다닌다.' 절집에 들어와 수행하면서, 세계 일주를 하면서, 이래저래 살아가면서 이런 느낌이 들 때가 많았습니다. 무언가가 저를 계속해서 따라다니고 있는데, 그게 뭔지를 몰랐습니다. 모양도 없고 흔적도 없는 그 무언가가 계속해서 따라다니고 있었습니다. 그게 뭔지를 몰라 나중에는 이러한 식으로 정리했습니다.

'같이 움직이고 있구나. 이 전체가 함께 움직이고 있는 거구나.'

세계 일주를 마치고 한국으로 귀국하던 때도 그러했습니다. 2년여 간의 다사다난했던 세계 일주를 마치고 인천공항에 들어오는 그 순간에도, 입국장을 나서 내딛는 첫 걸음도, 도무지 이해가 되지 않았습니다. 세계 일주라는 일생일대의 중요한 일을 그나마 원만하게 끝내었다면, 세계 일주가 종결이 되는 그 순간에, 나름의 특별한 감정이나 느낌이라도 들어야 할 것이었습니다. 세계 일주를 잘 끝냈다는 안도감이라든지, 긴 여정을 드디어 마쳤다는 성취감 같은 것들 말이지요. 그런데 이상했습니다. 그 어느 감정도 생각도 떠오르지 않았습니다. 그냥 똑같았습니다. 그 어떤 특별한 느낌도 들지 않았습니다. 그래서 나에게 문제라도 있는 건가, 하는 생각이 들 지경이었습니다.

귀국일에 뉴욕 JFK 공항으로 지하철을 타고 갈 때나, 한국에 돌아와 공항 리무진을 타고 서울 야경을 바라볼 때에도, 이렇다 할 만한 감정과 느낌이 없었습니다. 도대체 왜 그랬을까, 하는 의문을 나중에서야 정리할 수 있었는데, 그것은 바로 '눈앞'이었기 때문이었습니다. 눈앞이기에 똑같았고, 눈앞이기에 변함이 없었던 것입니다. 물론 눈앞에 펼쳐지는 풍경과 내용물은 달랐습니다. 뉴욕과 서울이 달랐고, 시간도 달랐고, 보이는 사람들도 달랐으며, 들리는 말들도 달랐고, 공기의 흐름도 달랐습니다. 그 모든 것들이 달랐음에도 다르지 않은 게 있었습니다. 눈앞이 그대로 똑같고, 눈앞이라는 전체는 여전히 변하지 않았던 것입니다.

귀국 후, 울산에 계신 사형스님을 만나 경주에서 저녁을 먹고 들어오는 길이었습니다. 차 안에서 사형스님이 세계 일주의 소감을 물었습니다. 그래서 저는 솔직하게 말했습니다. 그 오랜 기간 동안 세계 곳곳을 돌아다니고, 수많은 일을 겪고, 여러 사람들을 만났는데도, 종국엔 그 어느 한 곳도 돌아다닌 것도 경험한 것 같지도 않다고 말입니다. '눈앞으로 똑같은 것 같다'고 말입니다. 사형스님은 잠시 생각하는 듯하더니 제가 무슨 말을 하는지 알겠다 하시며 더이상 묻지 않았습니다. 그렇게 저희는 조용히 경주의 밤길을 달렸습니다.

인도의 성자 라마나 마하리쉬가 말했습니다.

"오는 것은 오게 놓아두고, 가는 것은 가게 놓아두어라. 그리고 변함없이 남아 있는 것을 발견하라."

눈앞은 그렇게 여전한 것입니다.

거기에 그대가 없을 때

어느 공부인이 말했습니다. "경험주의는 말 그대로 경험에 대한 주의, 즉 경험에 대한 생각이고 해석이다. 그러나 경험 이 자체는 주의도 생각도 해석도 아니다." 보면 보고, 들으면 듣고, 생각하면 생각하고…, 쉬운 듯 보이지만 정말 어려운 일입니다.

《법구경》〈우다나 바히야경〉에 다음과 같은 구절이 나옵니다.

바히야여,
보이는 것을 보기만 하고,
들리는 것을 듣기만 하고,
느끼는 것을 느끼기만 하고,
인식하는 것을 인식하기만 한다면,
그대는 그것과 함께 하지 않을 것이다.
그것과 함께 하지 않을 때,
거기에는 그대가 없다.
거기에 그대가 없을 때,
그대에게는 이 세상도 없고 저 세상도 없고,
그 둘 사이의 어떤 세상도 없다.
이것이 고통의 소멸이다.

사람은 결코 보고 듣고 느끼고 인식하는 것에만 만족하지 못합니다. 거기에 '나'의 판단과 분별과 해석을 붙여야만 비로소 존재감을 얻게 되기 때문입니다. 자연스럽게 일어나는 봄, 들음, 느낌, 인식에는 사실상 아무런 문제도 없고 어떤 면에서는 의미 또한 없습니다. 하지만 여기에 분별을 바탕으로 해석 과정을 거치면 여러 의미들이 생성됩니다. 그래서 취해야 할 것이 있고 버려야 할 것이 있고, 긍정해야 할 것이 있고 부정해야 할 것이 있고, 옳은 게 있고 그른 게 있게 됩니다.

사람은 경험만으로 살지 못합니다. 그 경험에 무언가 붙잡고 의지할 수 있게끔 하는 의미가 동반되어야 합니다. 경험 그 자체는 생각이나 해석이 없는 것이기에 반드시 의미 부여를 통해서 그 경험을 생각과 해석의 영역으로 옮겨야만 합니다. 그래야만 그 경험에 대한 평가와 정리를 할 수 있습니다. 하지만 이러한 과정을 통하면서 우리는 진정한 나로부터 멀어지게 됩니다. 곧장 보고 곧장 듣고 곧장 느끼고 곧장 인식하면 그만인데, 그걸로도 이미 충분한데, 이처럼 생생하고 분명한데, 이 경험 자체에는 아무런 의지할 것도 해석할 것도 없는데도 불구하고, 생각과 판단의 차원으로 경험을 밀어내버리는 것입니다. 그런데 만일 누군가가 이 생각하고 판단할 수 있는 여지를 부정하고 뺏으려 한다면, 이를 의도적으로 피하거나 완강하게 거부하게 되어있습니다. 사람이란 분별과 생각으로써 비로소 존재감을 얻으면서 살 수 있는 것인데, 그걸 뺏으려 하니 여러 방식으로 회피하는 것입니다.

그러나 사람은 이 사실을 모릅니다. 생각으로 이루어진 '나'는 결코 이 사실을 알 수가 없습니다. '나' 아니게 될 때에서야 비로소 나의 수작들이 밝혀집니다. 생각이 아닐 때에야 비로소 생각의 조작들이 드러납니다. 내가 내가 아닐 때에야 비로소 속지 않게 됩니다. 생각이 생각이 아닐 때에야 비로소 생각의 조작에서 벗어날 수 있게 됩니다. 그러나 그러기 위해선 우선 멈추어야 합니다. 그 무엇이든 분별하고 판단하고 해석하는 것을 일단은 멈추어 봐야만 속지 않게 됩니다. 나를 너무 믿지 말고 생각을 너무 당연하게 여기지는 마십시오. '나'라는 존재, 생각 자체를 의심해 보아야만 합니다. 제대로 의심하게 된다면, 열린 만큼 경험하게 되어있고, 깨어난 만큼 만나게 되어있습니다. 이 경험에는 사실 아무런 설명이나 해석도 필요 없습니다. 그냥 손가락으로 나무 책상을 톡톡 두들겨 보는 것으로도 충분히 분명한 일입니다. 만일 준비만 되어있다면 그 자리에서 곧장 깨어나고 곧장 만납니다. 그렇기에 드리는 말씀입니다.

나 안에만 갇혀 살지 마세요.
전체로 사십시오.
그러면서 나로서 노릇하세요.

주인 의식과 객 의식

법륜 스님의 일화입니다. 스님이 봉암사에서 사중의 잔일을 도맡아 하는 부목負木 소임을 맡고 계셨을 때입니다. 당시 스님은 앞으로 할 일에 대한 새로운 모색을 하려고 아무도 모르는 곳에서 자신을 돌이켜볼 필요가 있다는 생각으로 부목을 자청하셨습니다. 그런데 부목 일을 하면서도 스님은 여유를 가지지 못하고 죽기 살기로 하셨다 합니다. 그당시 하시던 일을 잠시 내려놓고 근본을 돌아보기 위해 시작한 일에 그만 너무 열심히 빠져버린 것이었습니다. 하루는 땀을 흘리며 장작을 패고 있는데, 서암 스님이 지나가면서 툭 한마디 던지셨습니다.

"자네 없이도 이제까지 봉암사 잘 있었네."

짐작컨대, 스님은 막상 부목 일을 해보니 봉암사 사중의 일들이 무언가 순리대로 원활하게 돌아가지 않는다고 생각하셨던 듯합니다. 그래서 일을 이렇게 해서야 되겠는가, 내가 이 일을 다 수습하고 정상적인 자리로 돌려놔야 하겠구나, 하는 생각으로 불철주야 열심히 일에 매진하셨을 것입니다. 서암 스님은 법륜 스님의 그러한 마음을 읽으셨던 것입니다.

"자네 없이도 이제까지 봉암사 잘 있었네."

임제 스님이 설한 '수처작주隨處作主'라는 유명한 말이 있습니다. 그런데 많은 사람들이 이를 두고 주인의식과 연관 지어 해석하고 받

아들입니다. 하지만 임제 스님의 본뜻은 그렇지 않습니다. 수처작주
는 본디 '입처개진立處皆眞'과 함께 짝을 이룹니다. 수처작주 입처개진.
글자대로 해석하자면 '가는 곳마다 주인이 되면, 서 있는 곳 모두가 진
리'라는 뜻입니다. 만일 주인의식이라는 관점에서라면, 현재 있는 모
든 곳에서 주인의식을 가지라는 건 바로 이해할 수는 있겠지만, 서 있
는 모든 곳이 진리가 된다는 건 쉽게 이해할 수 있는 내용이 아닙니다.
그래선지 많은 경우 사람들은 주인 의식을 가지자는 차원에서 '수처작
주'만 인용할 뿐, '입처개진'은 언급도 하지 않고 아예 빼버리는 경우
가 대부분입니다. 큰 실수입니다.

　사실 수처작주와 입처개진은 한 뜻입니다. 다만 그것이 드러나
는 인연과 모습이 다를 뿐입니다. 가장 큰 오해는, 수처작주에서 '작주
作主'를 두고 '내가 주인이 된다'는 뜻으로 해석하는 것입니다. 사실 이
는 임제 스님의 뜻과 정반대에 있는 해석입니다. 작주는 '내가 주인'이
라는 뜻이 아니라 '나로서 주인 역할을 한다'라고 해석해야 옳습니다.
주인 역할을 하는 데 따로 고정된 주인이 없습니다. 단지 상황과 조건
에 알맞게 내가 주요 역할을 하는 것뿐입니다. 내가 그 주인인 것이
아닙니다. 단지 상황이 그러하기에, 그러함으로 주요 역할을 행할 뿐
입니다.

　많은 분들이 임제 스님의 '수처작주'를 잘못 이해하는 이유는 단
순명료합니다. '나'를 '주인'으로 이해했기 때문입니다. 결코 고정화될
수 없고 실체 없는 '나'인데, 그래서 무아無我이건만, 실체를 가진 주인
으로 고정시킨 것입니다. '나'를 실체로 고정시킬 때, 안팎이 생겨나고

그로 인해 다른 사람도, 세상도 실체로 만들어집니다. '나'를 만듦이 그 모든 실체화의 근원입니다. 이런 실체화를 거친 상태에서 '수처작주'를 해석하고 이야기하며 강요했던 것입니다. '나'로서 중심을 잡고 그 모든 것들이 실체화된 상태에서는 결코 '서 있는 곳 모두가 진리'라는 뜻이 곧장 받아들여질 수 없습니다. 고정된 실체화라는 것이 이미 진리에서 벗어난 것이기 때문입니다.

그렇기에 저는 '주인 의식'만이 아니라 '객 의식'도 반드시 갖추어야 한다고 말합니다. 사실 그 어디에도 '객 의식'이라는 말은 없습니다. 이는 제가 억지로 지어낸 말입니다. '주인 의식'이라는 말이 너무 과도하게 팽배해졌음에, 할 수 없이 그에 대한 대응으로 만들어낸 '객 의식'입니다. 우리는 이 세상에 살면서 주된 역할을 하기도 하지만 본래 그 어떤 발 디딜 바 없는 전체로서 존재합니다. 이 전체라는 근원이 있기에 객客이기도 하다는 것입니다. 하지만 우리는 주主의 관념과 습성을 너무 일방적으로 강하게 발전시켰습니다. 나를 주인으로 고정하고, 그 주인을 굳건히 확립해야 한다는 식의 교육을 수도 없이 받아왔으며, 실생활에서는 이 주인을 강화하는 경험을 매일같이 치러내고 있습니다. 이러한 주主로 향한 과도한 집중의 힘을 덜고, 치우침으로부터 그나마 균형을 바로 잡기 위해 어쩔 수 없이 객客이라는 말을 쓴 것뿐입니다. 주객의 균형을 그나마 맞춰 가기 위해 이렇게 말할 뿐입니다. 우리는 전체라는 객으로 존재하되, 상황과 인연에 따라 주인으로서의 역할을 하기도 해야 합니다. 이 주와 객이라는 균형을 잘 맞추어야 합니다. 우리는 여러 인연 따라 이 삶에서 갖은 노릇을 하는 주인이기도 하지만, 동시에 근본적으로는 텅 비어 실체를 세울 수도 없는 무아無我라는 객이기도 합니다.

서암 스님이 하신 "자네 없이도 이제까지 봉암사 잘 있었네"라는 말씀은 당시 법륜 스님이 가진 지나친 주인 의식을 지적한 것입니다. 서암 스님은 '자네(내)'가 없어도 문제 없었다는 말씀을 하신 겁니다. 하지만 다른 한편으로는 전체로서의 객 의식이 필요함을 넌지시 드러내신 것이라 볼 수도 있습니다. 그 누구를 주인으로 내세우건 말건, 전체로서의 '봉암사(진리)는 잘 있어 왔던 것'입니다. 그것이 비단 봉암사뿐이겠습니까. 세상 모두가 그러합니다. 그렇기에 반드시 내가 중심이 되어 이 세상의 모든 일을 처리해야 한다는 생각을 가지는 것은 옳지 않습니다. 그렇다고 세상의 일에 완전히 관심을 꺼버리자는 식으로 이해해서도 곤란합니다. 그 다양한 모습으로 변화하는 인연에 맞추어 능동적으로 적절하게 대응함이 '노릇'의 의미이기 때문입니다.

부디 그 어디에도 머무르지 마십시오. 그리고 그 모든 변화하는 인연에 맞추어 능동적으로 노릇하십시오. 그렇게 노릇할 때 비로소 당신뿐 아니라, 세상의 그 모든 존재들이 그만의 인연에 따라 생생한 노릇을 하고 있음이, 서 있는 눈앞에서 주인도 없고 객도 없는 분명한 진실로 확인될 것입니다.

까마귀는 까악까악 울고, 목탁은 또록또록 소리 나며, 단주는 쓰윽쓰윽 굴러갑니다.

41

제일 가까운 친구

'기한飢寒에 발도심發道心'이라는 말이 있습니다. 많은 이들이 춥고 배고파야 공부할 마음이 난다는 것으로 이 글귀를 해석합니다. 저 또한 그렇게 배웠고 그런 줄 알았습니다. 그러다 문득 궁금증이 생겨서 시자를 살면서 노장님께 한번 여쭈었습니다.

"스님, 수행하는 사람은 배가 고파야 공부가 잘 된다는 데 맞는 건가요?"

스님께서 대답해 주셨습니다.

"아니야, 수행자일수록 잘 먹어야 돼. 잘 먹어야지만 수행할 수 있는 거지. 다만 요즘은 먹을 게 풍족한 세상이니까, 과하게 먹으면 안 돼. 수행하기에 힘이 부족하지 않을 정도로만 잘 먹으면 돼."

공부를 한답시고 일부러 안 먹고, 일부러 냉방에 앉아 있는 것은 수행의 열의도 아니고 지혜로움도 아닙니다. 제 보기엔 어리석은 고집입니다. 잘 먹지 않고 냉방에 있으면 어떻게 될까요? 감기몸살에 걸립니다. 적게 먹고 추운 데에 있다는 것보다 중요한 것은 수행을 한다는 것입니다. 더 먹고 싶은 거 적당히 먹고, 졸음이 오는 따뜻한 곳보다는 조금 서늘한 곳이면 적당할 뿐, 먹어야 할 음식을 거부한다거나 자신이 감당하지 못할 만큼 추운 곳에 억지로 앉아 있으면 수행의 바탕이 되는 '몸'이 상하고야 맙니다.

흔히 조복調伏이라는 말로, 여느 수행자들은 몸을 극복하고 이겨 내야 한다는 말을 하기도 합니다. 몸을 싸워서 이겨내야 할 대상으로 생각하는 것입니다. 그런데 그렇게 애를 쓰다 보면, 몸이 조복되는 경우가 있기도 합니다. 신기하게도 잠이 오지 않고, 결가부좌 자세가 불편하지 않은 때가 오기도 한다는 겁니다. 그래서 많은 이들이 여전히 이 조복이라는 어려운 과정에 힘을 쏟고 몸뚱이라는 대상에 집중합니다.

그런데 이 조복에 함정이 있습니다. 정말 애쓰고 노력하다 보면 몸이 조복이 되는 경우도 있지만, 그것은 단지 어떤 '순간'일 뿐이라는 것입니다. 잠이 오지 않고, 결가부좌가 불편하지 않더라도, 단 그 며칠 뿐입니다. 시간이 흐르면 여전히 잠은 찾아들고, 결가부좌한 몸은 무거워집니다. 몸을 목적으로 두고 수행을 한다면 20년, 30년을 수행해도 똑같은 과정을 반복할 뿐입니다. 그 기적처럼 보이는 며칠에 속아 넘어가서는 안 됩니다.

이 몸이 없으면 수행하지 못합니다. 이 몸이 소중한 바탕이라는 것을 알아야 합니다. 그러니 몸을 소중하게 보호하고 보살펴야 합니다. 이번 생에 어떻게든 나를 유지하게 해주고, 또 내가 수행하게끔 지탱해 주는 고맙고도 소중한 몸입니다. 그렇기에 우리는 우리 몸을 너무 배고프지 않게, 너무 춥지 않게, 너무 힘들지 않게 지켜 줘야 할 책임이 있습니다. 이 몸은 우리가 잠시 빌려 쓰는 바탕인 까닭입니다.

그러나 많은 이들이 이 '몸'을 두고 '나'라고 여기는 경우가 많습니다. 팔다리가 있어서 움직이고, 얼굴도 있고 말도 하고 표정도 짓고 하니, '나'라고 여길 만합니다. 몸이 곧 '나'이니, '나'를 잘 보여 주기 위해 성형수술도 하고, 화장도 하고, 식스팩도 만들고, 다이어트도 합니다. 그러나 몸은 내가 아니라, 비유하자면 나의 친구와도 같은 것입니다. 내 삶을 함께 꾸려가야 할 친구 말입니다. 다른 몸뚱이 가진 그 어떤 친구보다 가까운 친구입니다. 그런데 이 몸이란 게 너무 가깝고 친숙해서, 가까워도 너무 찰싹 붙어 있을 정도로 가까워서, 이 몸을 나라고 여기지 친구라고 생각하지 못합니다. 우리는 이 가까운 친구를 잘 챙겨야 하는데 이 친구를 나로 여기고는, 다른 사람들에게 잘 보여 주겠다고, 남에게 인정을 받겠다고, 친구를 억지로 힘들게 하고, 친구를 자신의 뜻대로 꾸며대는 것이 우리들의 일상사가 되어 버린 것입니다.

이 몸은 내가 아닙니다. 몸은 우리에게 가장 가깝고 소중한 친구입니다. 그러니 이 친구에게 감사하다는 말을 해줘도, 또 수고한다며 격려해 줘도 조금도 이상할 게 없습니다. 한시도 떨어진 적 없이 저를 지탱해 주는 고마운 친구니, 잘 보살펴 줘야 합니다. 거울 보고 친구 꾸밀 생각만 하지 마시길 바랍니다. 때때로 '고맙다 친구야'라고 말해 줘도 좋습니다. 저도 "자네 앞으로도 잘 부탁하네"라고 거울 속 친구에게 종종 말을 걸기도 합니다. 그리고 저 스스로 대답합니다. "그래, 그래. 앞으로도 잘 지내보자."

존재는 전부를 가지는 것

한 도반스님이 소유를 고통이라고 체감한 적이 있었다며 들려준 이야기입니다.

스님이 구족계를 받고 문경 봉암사에서 수행이라는 걸 막 시작할 때였습니다. 장마철이어서 비도 많이 오고 천둥 번개가 자주 쳤습니다. 그때마다 스님은 저 소리가 천둥이고, 이 번쩍임이 번개구나, 하며 자연의 모습을 그저 무심하게 바라보았다고 합니다. 그 후 선원에서 몇 철 동안 정진을 하고 어느 절의 주지 소임을 맡게 되었는데, 이즈음 확연한 차이를 체감했다고 합니다. 봉암사 선원에서 정진할 적에는 무심한 마음 그대로였으나 막상 절 하나를 소유하고부터는 온갖 번뇌와 고통이 들어온다는 것이었습니다. 이전의 번개와 천둥은 그저 자연의 현상일 뿐이었지만, 절을 소유하고부터는 내 절을 위협하는 걱정거리가 되어버린 것입니다.

《빵장수 야곱》에 이러한 구절이 나옵니다. 야곱은 친구 손자인 요나에게 부자가 되는 법을 가르쳐 줍니다. 소년 요나가 "저는 나이가 들면 부자가 될 거예요"하고 말하자 야곱은 "조금만 덜 원하면 넌 이미 부자란다"하고 말합니다. 그러자 요나는 "야곱 아저씨, 지금 가진 것보다 더 많이 갖고 싶지 않으세요?"하고 묻습니다. 이에 야곱은 "시간이 흐르면, 우리는 원하던 것을 갖게 되어서가 아니라, 필요치 않다는 것을 알게 되어서 더 부자가 되는 거란다"라고 말해 줍니다.

꽃도 그렇습니다. 자연에서 바라보는 꽃은 아름답습니다. 모양이 신기하고, 색깔도 영롱하고, 향기도 좋습니다. 제가 꽃을 좋아하는 건 아니지만, 그래도 어여쁜 꽃이 있으면 한번 들여다보고 냄새도 맡아 보곤 합니다. 사진을 찍거나 스마트폰 어플을 활용해 무슨 꽃인가 알아보거나 할 정도는 아닙니다. 그냥 그렇게 한번 느끼고는 지나갑니다.

하지만 이 꽃을 내 집 안에 들여놓는 순간, 많은 것들이 달라지게 됩니다. 화분을 마련하고 분무기로 물도 뿌려 줘야 하고, 좀 비실비실해지면 영양제도 주어야 합니다. 내 영역 안으로 들여놓음으로써 꽃은 나에게 더 친근하게, 더 자주 만족감을 줄지도 모르지만, 동시에 섬세하게 돌봐 주어야 하고, 경우에 따라 걱정을 불러들이기도 합니다. 내 영역 안으로 끌어들인 꽃에 대해서 관심과 애정을 가질 수도 있지만, 그 이면에는 걱정과 번민이 함께 따라오게 되어있습니다. 공덕천이 가는 곳에 자매인 흑암녀가 항상 따라다니는 것과 같은 일입니다. 자연에서 만나는 꽃은 아름답고 향기로운 존재지만, 내 영역 안에 들이면 보살피고 책임을 져야 하는 소유물이 됩니다. 이것이 존재와 소유의 차이입니다.

법상 스님이 한 말입니다.

"소유는 일부를 가지는 것이지만, 존재는 전부를 가지는 것이다."

사실 존재란, 그 어느 것도 가지는 게 아닙니다. 온전히 존재하게 되면, 그 아무것도 가지는 게 없게 됩니다. 그런데 그 어느 것도 가지지 않을 때에야 비로소 그 모든 것을 가진다는 것과 다르지 않음을 알게 됩니다. 몸과 생각을 중심으로 했던 '나'라는 작은 존재에서, 허공과 같은 큰 전체로 존재의 바탕이 확장되기 때문입니다. 나는 무언가를 가지고 혹 가지지 못할 뿐이지만, 전체는 이미 모든 것을 품고 있는 것입니다.

나의 암소는 무엇인가

만나는 분들께 곧잘 이런 질문을 건네기도 합니다.

"당신의 삶에서 가장 중요한 가치, 혹 당신이 지향하고 있는 목표를 단 하나의 단어로 표현한다면 무엇인가요. 예를 들면 사랑이나 명예, 자아 완성, 행복… 이런 것들일 수도 있습니다. 물론 당장 머릿속에 떠오르지 않을 수도 있고요."

지금껏 여러 단어들을 들었습니다. 우리는 우리가 설정한 가치와 목표들을 추구하며 존재하고, 이러한 과정에서 행복을 느끼기도 하며, 또한 살아가는 의미를 부여하기도 합니다. 그런데 한편으로 이러한 생각이 들기도 합니다. 이 가치와 목표가 어쩌면 삶을 살아감에 있어 보이지 않는 덫이 될 수도 있다는 점입니다. 너무 당연하게 받아들이고 친근하게 대하기 때문에 인식하지 못할 수도 있지만, 그건 어쩌면 벽이고 함정일 수도 있습니다.

내가 이것에 의존해 살아갈 수 있다면, 이 의존한 이것이야말로 내가 진정으로 존재하고 살아가는 것을 방해하는 요소일 수도 있습니다. 의존이 사실상 조건이기 때문입니다. 누군가에게 그것은 돈일 수도 사랑일 수도 있으며 명예일 수도 있습니다. 누군가에게는 어떤 물질적 대상일 수도 있고, 위대한 스승일 수도 있습니다. 누군가에게는 언어와 논리, 생각일 수도 있고, 누군가에게는 수행일 수도 있습니다.

또 누군가에게는 그 어떤 종교일 수도 있고, 경전과 어록의 가르침일 수도 있습니다. 그런데 조건은 변화하는 것입니다. 변화하는 그 조건에 의존한다면 의존하는 나 역시 흔들리게 되어있습니다. 그래서 안목 있는 선사는 그 사람이 의존하고 있는 것을 싹 다 죽이고 빼앗아 가기도 했습니다. 의존하고 있는 조건을 빼앗아 없앰으로써, 그 사람이 어찌 대응하는지 시험도 해보고, 또한 의존하는 바를 바로 알아차려서 그 스스로 제대로 존재할 수 있게끔, 그리하여 제대로 살아갈 수 있게끔 동인과 자극을 준 것이었습니다.

《조산록曹山錄》에 나오는 글귀입니다.

> 조산본적曹山本寂 선사에게 한 스님이 물었다.
> "들건대 감천甘泉 스님이 말씀하시기를, '밭가는 농부에게서 소를 빼앗고 주린 사람의 밥을 빼앗는다' 했다는데, 무엇이 밭가는 농부의 소를 빼앗는 것입니까?"
> "노지路地를 주지 않는 것이다."
> "무엇이 주린 사람의 밥을 빼앗는 것입니까?"
> "제호醍醐를 물리치는 것이다."

밭 갈며 농사짓는 농부에게서 소를 빼앗으면 농부를 죽이는 일과 다를 바 없습니다. 굶주린 사람에게서 밥을 빼앗는 것은 그 사람을 굶어 죽인다는 말입니다. 어록의 특성상, 실제 그리 한다는 것이 아니라 그러한 상황으로 내몬다는 일종의 비유입니다. 그 사람이 의존하고 있는 조건을 빼앗고 없앤다는 뜻입니다. 하지만 사람이라 한다면 이에 극렬하게 저항하고 거부할 것입니다. 이 조건 덕분에 비로소 존재감을 확인하고, 이 조건 덕분에 살아갈 수 있다고 믿는 것인데, 이를 빼앗으려 하니 나오는 당연한 반응입니다. 하지만 선사들은 알았습니다. 이를 완전히 빼앗아 없애야지만 비로소 제대로 존재하고, 제대로 살아갈 수 있는 그런 보이지 않는 숨구멍이 뚫리게 된다는 것을 말입니다.

하지만 이 빼앗고 빼앗김에는 여러 인연이 맞아떨어져야 합니다. 빼앗기는 사람이 빼앗겨도 살아갈 수 있을 정도의 스스로 비어 있는 준비, 빼앗는 사람이 여러 알맞은 방식으로 빼앗는 안목과 방편, 빼앗는 사람의 빼앗기는 사람에 대한 관심과 자비, 또한 빼앗기는 사람의 빼앗는 사람에 대한 믿음과 헌신이 필요합니다. 이러한 네 가지 조건들이 잘 갖추어져 있어야만 비로소 제대로 빼앗고, 또한 제대로 빼앗기는 것입니다.

제대로 빼앗고 빼앗길 때, 사람은 스스로 눈앞으로 돌아와, 눈앞에서 존재하고, 눈앞으로 살아가게 됩니다. 모두 빼앗겨 아무것도 가지지 않을 때에야 비로소 그 모든 것을 가지게 됩니다. 애초에 그 누군가도 빼앗지 않았고, 그 누구도 빼앗을 수도 없는 '눈앞'이 곧장 펼쳐지기 때문입니다.

진정한 법이란 전해 줄 수도 또한 전해 받을 수도 없는 것이고, 그 전해 주는 누구도, 전해 받을 누구도 없을 때, 비로소 제대로 법을 전하는 것이라는 말이 있습니다. 이 법이 바로 '눈앞'입니다. 하지만 '눈앞'은 결코 '눈앞'이 아닙니다. 이 '눈앞'은 눈으로도 볼 수 없고, 앞도 뒤도 없습니다. 이 환히 열려 있는 전체입니다. 그러나 사람 사이에 말을 통하지 않을 수는 없는 노릇이기에, 단지 '눈앞'이라 부를 뿐입니다.

스스로에게 물어 보십시오. 내가 과연 무엇에 의존하여 존재하고, 삶의 의미를 찾으며 살아가고 있는가. 나에게 이것은 과연 무엇인가. 불교인가, 석가모니 부처님인가. 어록인가. 어떤 경전인가. 혹 어떤 수행법인가. 어떤 사람인가 어떤 스승인가. 혹 언어인가 느낌인가 생각인가. 이것이 없다면, 이것에 의지하지 않는다면 과연 나는 어떻게 존재할 수 있는 것인가, 하고 자문해 보아야 합니다.

'과연 무엇이 나의 암소인가.'

예전에 한 지인에게 '글로 쓸 수도, 말로 전해 줄 수도 없다. 그냥 검지 손가락으로 나무 책상을 톡톡 두드릴 뿐이다'라고 했습니다. 별 것 아닙니다. 정말 아무것도 아닙니다. 손가락으로 나무 책상 톡톡 두들기는 것 말입니다. 그러나 지인은 가슴으로 이 뜻을 전해 들었습니다. 머리로 이해하는 게 아닙니다. 가슴으로 맞아들이는 것입니다. 그리한다면 '눈앞'으로 존재하고, 또한 '눈앞'으로 살아갈 수 있을 것입니다.

이것이 없다면, 이것에 의지하지 않는다면
과연 나는 어떻게 존재할 수 있는 것인가, 하고
자문해 보아야 합니다.

모두가 나의 일

한 지인이 문자를 보내왔습니다. 운전하다 신호대기 중에 10대 여자아이 둘이 한 여자아이의 양쪽 팔을 잡아끌고 육교 위로 올라가는 장면을 보았다고 합니다. 친구들끼리 장난치는 것일 수도 있는데, 이상하게 마음에 걸려서 혹 아이가 폭행을 당하거나 무서운 일을 겪지 않을까 걱정이 되었다 합니다. 이 걱정 때문에 가슴이 뛰어서 저녁도 먹지 못할 지경이라고 했습니다. 그러고는 저에게 이렇게 물었습니다.

"이럴 때 아이를 위해 관세음보살님을 부르며 기도하면 될까요?"

제 대답은 간명했습니다.

"잘 모르겠는데요."

거기에 한마디 덧붙였습니다.

"그런데 그 일은 그 아이의 일이라기보다는 보살님 본인의 일 같네요."

지인 분은 아이가 걱정되고 마음이 불안한 나머지 〈관세음보살보문품〉을 읽고 있다고 했습니다. 그러나 엄밀하게 따지면, 보문품을 읽는 것은 여학생이 아니라 자신을 위해서입니다. 보문품을 읽는 공덕은 아이가 아닌 자신에게 돌아갈 것이기 때문입니다. 보문품을 읽는 동안 불안한 마음은 가라앉을 테고, 결국 마음의 안정이라는 실질적인 효용은 본인에게 돌아가게 되어있습니다. 그 아이의 일은…, 사실 모르는 일입니다. 보문품을 읽는다고 해서 그 아이가 괜찮아질지, 혹 애초부터 팔을 잡아끈 그 일이 아무런 일도 아닌 여자아이들의 장난이었는지 누구도 모르는 일입니다.

모르는 일은 모르는 일입니다. 사실 모르는 일은 모르는 일로 남겨두면 됩니다. 그 모르는 일을 공연히 상상하고 예측하여 '앎'의 일로 만들면서부터, 두려움과 긴장이 찾아오고 저녁도 못 먹게 되고, 그래서 〈관세음보살 보문품〉도 읽게 되는 등 여러 유위有爲의 일들이 필요 이상으로 벌어지게 된 것입니다.

모르는 일은 모르는 일로 남겨두면 좋습니다. 더불어 한 가지 더 명백히 알아야 할 것은 남을 위한 많은 일들이 실상은 나를 위한 일이라는 자각입니다. 아이들이 팔을 끌고 간 장면을 본 것도, 이런저런 안 좋은 상상을 한 것도, 그로 인해 불안함이 밀려온 것도, 불편한 마음에 밥을 못 먹은 것도, 불안함에 〈관세음보살 보문품〉을 읽은 것도, 보문품을 읽으며 마음이 안정을 찾은 것도, 그 시작부터 끝까지 그 모든 것이 나의 일이었다는 자각입니다. 그리고 이 자각이 나와 남이라는 분별을 넘어서 투명한 분명함으로 들어설 적에, 아이들은 더이상 아이들이 아니게 됩니다. 그 아이들이 나입니다. 팔을 붙들고 간 모습도 나입니다. 그 모든 상상도 나입니다. 불안함도 나입니다. 〈관세음보살 보문품〉도 나입니다. 보문품을 읽음도 나입니다. 안정감도 나입니다. 다 나입니다. 상대방도, 세상도, 시간도, 그 모든 일도 다 나이고, 그 모두가 나의 일입니다.

예전에 '부처가 부처를 보내, 부처로 하여금 부처를 깨닫게 하기 위함입니다'라는 제목의 글을 쓴 적이 있습니다. 그리고 그 글의 제일 마지막 구절은 다음과 같습니다.

　'당신이 당신을 보내, 당신으로 하여금 당신을 깨닫게 하기 위함입니다.'

모든 존재가 본래 그러합니다

'무주상보시無住相布施'. 《금강경》의 대표적인 언구입니다. 이는 상相에 머무는 바 없이 보시하라, 남에게 나의 것을 베풀라, 혹은 집착 없이 나누어 주라는 뜻까지 포괄하기도 합니다. 무주상보시를 두고 내가 남을 돕되, 그 흔적을 남기지 않아야 한다고 이해하는 경우가 많습니다. 일견 타당합니다. 하지만 내가 있고 또 남이 있어서 그 사이에서 어떤 도움을 준다, 안 준다, 혹 도움이 된다, 안 된다 식의 분별로 나누어 생각하는 것 자체가 어떻게 보면 참다운 보시에서 멀어진 것이기도 합니다. 진정한 보시라면 그 보시가 남을 도와 줬다느니, 내가 했다느니, 그것이 얼마만큼 도움이 되었다느니 등의 분별조차도 남아 있지 않아야 할 것입니다. 그럴 때에야 비로소 진정한 보시가 되는 것입니다.

커피는 쌉쌀하고 크림빵은 달달합니다. 단지 맛을 말하는 게 아닙니다. 커피도 빵도 이렇게 훌륭하게 보시를 할 줄 압니다. 허리가 욱신거리고, 콧물이 나고, 입술이 마릅니다. 내 몸이 불편하다고만 생각하지 말아야 합니다. 우리의 몸뚱이도 이렇게 훌륭한 보시를 합니다. 보시란, 내가 남에게 하는 그 어떤 좋은 행위만을 말하는 게 아닙니다. 무주상보시는 '그 모든 존재의 본래 그러함'이라는 자연스런 모습입니다.

주변을 둘러보십시오. 하늘은 그냥 푸르고, 아침은 그냥 쌀쌀하고, 비는 그냥 내리고, 알록달록 초파일 연등은 그냥 바람에 흔들리고,

까마귀의 울음은 그냥 허공에 울리고, 개울물은 그냥 졸졸졸 흐르고, 꽃은 그냥 피고, 키보드는 그냥 탁탁 소리 나고, 커피는 그냥 쌉쌀하고, 크림빵은 그냥 달달합니다.

잘 보십시오. 모든 존재들이 이렇게 자연스럽게 보시를 하고 있습니다. 내가 무엇을 한다느니 어떤 좋은 일을 했다느니, 그 어떤 조그만 흔적조차 남기지 않고, 모든 존재들이 흔적 없이 자연스럽게 '그냥' 보시를 하고 있습니다. 모든 존재들이 진정한 무주상보시를 언제든, 어디서든. 어떻게든 행하고 있는 것입니다. 모두가 그렇게 훌륭한 무주상보시를 보여 주고 있는데, 나만 아직까지도, 내가 보시를 하느니 안 하느니, 그 어떤 보시가 큰 보시니 작은 보시니, 저건 보시니 보시가 아니니, 이러한 생각에 갇혀 사는 건 아닌가요. 아직도 나와 남을 나누고, 보시라는 말에 묶여 내가 분별하고 스스로 괴로워하며 사는 것은 아닐까요.

무주상보시는 존재의 본래 그러함이라는 원래의 자리로 돌아가는 데에서 자연스럽게 펼쳐지는 것들입니다. 내가 따로 보시를 행하는 게 아닌 것입니다. 진정한 무주상보시는 그 모든 존재들이며, 그 모든 상황들이, 그 모든 형태의 보시로 드러나는 것입니다.

니 얘기

절집에서 큰스님들이 종종 하시는 말씀이 있습니다.

"그건 경전에 나오는 말이고…, 그거 말고 니 얘기를 해봐, 니 얘기."

제가 글을 쓰는 데 있어서 가장 염두에 두는 것은 삶의 경험입니다. 되도록 직접 겪은 일을 쓰려 합니다. 혹 누군가가 들려준 경험을 듣고 쓰기도 합니다. 개념이나 원리 해설은 되도록 쓰지 않으려고 합니다. 가끔 그런 글을 읽기도 하지만 보통은 보지 않습니다. 재미도 없고, 감흥도 없어서입니다.

그러나 잘 돌이켜보아야 합니다. 원리는 이렇고 개념은 이러한데, 과연 내 삶은 어떠한가. 당장 내 눈앞에서 펼쳐진 삶이 불교 경전이 가르치는 진리와 부합되는 삶인가. 그것에 어긋나지 않는가. 그 진리가 삶의 경험으로 일치되게 펼쳐지는가. 내 생각이 정말 그리 조정되었는가. 다른 사람의 존재가 정말로 그리 다가오는가. 세상의 일들이 정말 부처님과 조사스님이 가르치고자 한 진리의 모습으로 여실하게 나타나고 있는가.

경전의 내용을 많이 공부하고 수행을 잘 해나가서, 불교의 가르침을 잘 이해하고 달변이 된다 하더라도, 자기 눈앞의 삶이 진리로서 펼쳐지지 않는다면 아무 소용이 없습니다. 그 모든 가르침이 지금 당장 눈앞으로 확인되지 않는다면 부처님과 조사의 가르침도 미진함으로 남게 되는 것입니다. 내 눈앞이 그러해야 하고, 내 삶의 낱낱 경험이 그러해야 하며, 심지어는 나조차도 그리 확인되어야 하는 것입니다.

그래서 큰스님들이 '니 애기'를 묻는 것입니다. 경전의 가르침도 아니고, 부처님의 말씀도 아니고, 조사의 방할도 아닙니다. 이는 부처님과 조사의 설법을 경시하는 게 아닙니다. 이는 당연히 기본적으로 갖추어야 할 요소입니다. 그걸 다 거치고 온전히 숙달해서, 언제든 사람과 상황에 맞게 끄집어낼 수 있을 정도로 기본적인 자량이 된 후의 이야기입니다. 그러한 이후에서의 '니 애기'라는 것입니다.

불교를 치밀하게 연구하고, 선어록을 잘 파헤치는 분들도 많습니다. 하지만 중요한 건 바로 눈앞의 삶입니다. 불교를 잘 알고 조사의 뜻을 잘 꿰고 있다 하더라도, 본인 스스로 자유롭지 못하고, 스스로의 삶과 경험이 진리로서 드러나지 않는다면, 궁극적으로는 아무 의미가 없습니다. 그런 상태로나 그런 방식으로는 안 됩니다. 불교에 달통하고 어록을 술술 풀어낸다 해도, 스스로 자유롭지 못하고, 여기저기 걸리면서 사는 그런 헛똑똑이의 삶은 의미 없다는 것입니다.

이 공부는 정면 승부입니다. 묵은 경전 글귀에서가 아니라, 고요한 선원 좌복 위에서가 아니라, 삶이라는 생생한 터전에서 그 승부가 여지없이, 숨길 수 없게 판가름 나는 것입니다. 누가 경전을 많이 공부했느냐도 아니고, 누가 오랫동안 좌선 수행을 했느냐도 아니고, 누가 승복을 입었느냐 또한 아닙니다. 정말로 두려움이 없다면, 자신의 삶으로 거침없이, 거리낌 없이 드러낼 수도 있어야 합니다. 그래서 '니 애기'입니다. 그렇기에 저는 이렇게 제 얘기를 쓰는 것이고, 사람들이 찾아오면 저의 다른 얘기도 들려주고, 사람들에게는 그만의 이야기를 듣고 또 묻기도 하는 것입니다.

저는 매일 매일이 정면승부입니다. 오늘도 눈 똑바로 뜨고 여지없이 정면승부를 합니다. 수도암 개울가에 돌멩이를 던졌습니다. '퐁' 소리를 내며 투명한 물결이 경쾌하게 튀어올랐습니다. 이에 기분이 좋아 노래를 불렀습니다.

"퐁~당! 퐁~당! 돌을~ 던지자! 주지스님 몰래 돌을 던지자!"

존재 이유

사람은 존재 이유를 찾습니다. 그래서 대상에 몰두합니다. 그것은 내 주변의 가까운 사람이기도 하고, 어떤 때에는 사회적인 이슈이기도 하고, 또 자신이 직접 살아나가며 행하는 일이기도 합니다.

그 모두가 '대상'입니다. 대상이 필요한 건, 그 대상이 있어야만, 내가 있고, 내가 살아있다고 느끼고, 또 나의 가치가 증명이 되는 것이라 믿기 때문입니다. 그 대상이 없다면 어떤가요?

내가 집중하는, 내가 얽매인 그 대상들을 하나하나 지워 보십시오. 내가 관심과 애정을 가지는 그 사람이 없다면, 사회적인 이슈가 없다면, 내가 어떤 일을 행하고 있지 않을 그럴 때에도, 그렇게 몰두할 수 있는 대상이 그 어떤 것도 없을 때엔 어떤가요? 대상에 필요 없이, 스스로 만족하고 스스로 행복할 수 있는가요? 대상에 의존 없이, 나의 존재 하나만으로도 세계가 가득할 수 있는가요? 대상에 걸림 없이, 스스로 자유로울 수 있는가요?

스스로가 충만하지 못하면, 그 결핍감에 존재 이유를 찾아 헤맵니다. 이 결핍감을 채워 줄 다른 대상을 찾아다니는 겁니다. 그러면서 변화하는 대상에 따라 나의 마음도 수시로 왔다 갔다 합니다. 이것이 바로 대상에 끌려 다니는 삶입니다. 본래 주인인 나를 버리고, 대상의 객으로만 사는 삶입니다. 사방천지로 치구(馳驅, 말을 타고 내달리는 것처럼 정신없이 쏘다님)하는 마음을 멈춰야 합니다. 멈추지 않고는 절대로 안 됩니다. 멈춰야만 비로소 보입니다. 그리고 그때부터는 더이상 존재 이유를 찾아 헤매지 않습니다.

존재 그 자체입니다. 존재로서 그렇게 환하게, 분명하게, 자유롭게, 텅 비게, 충만하게 있는 겁니다. 애초부터 무얼 그렇게 구할 필요가 없었던 겁니다.

가까이 있는 단 복숭아는 거들떠보지도 않고
쓴 돌배 따러 온 산천을 헤매고 있구나.

棄却恬桃樹
巡山摘醋梨

퇴계 선생이 근본 공부를 소홀히 하고 다른 데 정신 팔린 손자 안도에게 전한 시입니다.

2장

삶에 대한 의심

내가 '나'가 아닐 때에야 속지 않는다

영원한 사랑

어떤 사람은 영원히 변치 않을 사랑을 찾으려고 합니다.
자신만을 사랑해 줄 그럴 사람을 찾습니다.
하지만 그것은 헛되고도 불가능한 일입니다.
왜냐하면 그러한 사랑을 찾는 그 사람의 마음이 끊임없이 변하고
뒤바뀌는 까닭입니다.

상대방의 마음이 변할까 두려워할 게 아닙니다.
단지 내 마음이 변한다는 것을 스스로 명백하게 알아야 합니다.

그런데 만일 나의 마음이 한결만 같다면,
그때에는 영원한 사랑을 구할 필요가 없습니다.
왜냐하면 내가 그 한결같음으로 사랑을 해줄 수 있기 때문입니다.

사랑은 구하는 게 아닙니다.
사랑은 되는 겁니다.

진실

"모든 진실은 밝혀져야 하는 걸까요?"

"아니."

"진실인데, 왜요?"

"문제는 그것이 진실이다, 진실이 아니다, 밝혀진다, 밝혀지지 않는다, 그런 게 아니야. 내가 그 진실을 제대로 감당할 수 있느냐의 것이지. 설혹 그것이 진실이라고 해도, 그 진실을 받아들일 준비가 되어 있지 않으면 오히려 본인을 해칠 수도 있어. 자신이 그럴 충분한 준비가 되어 있지 않으면 차라리 모르는 게 나을 수도 있다는 거야. 그 진실을 제대로 맞이하고, 제대로 소화하고, 제대로 보내 주는 것이 말이나 생각처럼 결코 쉬운 일은 아니지."

영화 〈완벽한 타인〉을 본 어떤 친구가 물어온 내용과 제 대답입니다.

진실은 물론 소중합니다. 그러나 그보다 더 중요한 건, 그 진실을 받아들일 내 자신이 제대로 준비가 되었는가를 면밀히 자문하고 성찰하는 일입니다. 준비가 되었다면 진실을 부리며 살아갈 수 있겠지만, 그 반대로 준비가 되지 않았다면 도리어 진실에 부림을 당하며 살아가게 되는 것입니다.

자기 마음을 속이지 마라

'불기자심 不欺自心, 자기 마음을 속이지 마라.'

다른 사람이 나를 속이는 것을 아는 것은 쉽습니다.
내가 내 마음을 속이지 않으려 노력하는 것 또한
그리 어렵지는 않습니다.
하지만 내가 나에게 속지 않는 것은 어렵습니다.
아주 어렵습니다.

다른 사람이 나를 속이는 게 아닙니다.
내가 나를 속이는 겁니다.
이를 바로 아는 것도 어렵고,
이로부터 벗어나는 것도 힘들고,
그 후에 나를 쓰는 것으로 가기까지도,
길고도 힘겨운 여정인 겁니다.

하정우의 마지막 식사

영화 〈신과 함께 – 죄와 벌〉의 인터뷰 기사를 읽었습니다. 기자가 주연 배우들에게 "죽기 전 마지막 만찬으로 어떤 음식이 좋겠냐"고 물었습니다. 김향기는 "할머니가 해주신 따박장 아니 강된장으로 고르겠다"며 "삶은 양배추에 그거 넣고 밥이랑 싸 먹고 싶다"고 말했습니다. 주지훈은 "엄마가 해준 밥을 먹고 싶다. 새로 지은 밥에 멸치볶음, 감자채 썰어 볶은 뭐 그런 거"라고 대답했습니다. 이어서 하정우가 짤막하게 대답했습니다.

"쿼터파운더 치즈버거세트."

죽기 전 마지막 식사이니 의미 부여를 해야 합니다. 가족과 함께 만찬을 나눈다면 마지막 식사로서의 품위도 살아날 테고, 삶을 돌이켜보는 차원에서 의미를 매기기에도 좋을 것입니다. 김향기와 주지훈 모두 가족이 만든 식사로 만찬을 즐기고 싶어 했던 것은 그런 의미가 포함된 것입니다. 그런데 하정우는 달랐습니다. 별 다른 주변 내용 없이 그냥 패스트푸드 메뉴 하나만 달랑 말했을 뿐입니다. 하정우의 대답을 보고 크게 웃었습니다. 웃고 난 뒤에 이러한 생각이 들기도 했습니다. 깔끔하구나, 이런 사람이라면 의미 두는 걸 멈출 수도 있겠구나, 하는 생각이었습니다.

보통의 사람이라면 삶의 의미를 찾게 되어있고, 그 의미를 좀 더

고결한 것으로 장식하려고 합니다. 생의 마지막 식사니 가족들과 함께 만찬을 나누는 건 물론 사람으로서 당연한 생각이고 도리입니다. 하지만 이런 생각도 듭니다. 인연 따라 사람의 일을 하기는 하되, 그렇다고 사람의 일에만 매여 있어서는 안 된다고 말입니다.

《능엄경》의 한 구절입니다.

> 일체중생이 무시 이래로 나고 죽는 것이 지속되는 것은
> 모든 진여의 심성이 맑고 밝은 체體에 항상 머무는 것을
> 알지 못하고 모든 망상으로 작용하기 때문이니
> 이러한 망상이 진실하지 못한 까닭으로 윤회輪廻와 전생
> 轉生이 있는 것이다.

> 一切衆生 從無始來 生死相續
> 皆由不知 常住眞心 性淨明體
> 用諸妄想 此想不眞 故有輪轉

윤회를 하는 것은 삶의 의미를 채우려는 욕망이 있기 때문입니다. 그리고 그 욕망을 이루는 주요 프레임이 바로 '이야기'입니다. 사람은 자신을 중심인물로 이야기를 쓰고 드라마를 만듭니다. '나'는 삶이라는 드라마를 무언가 그럴듯하고 의미 있는 내용으로 채우기를 원합니다. 하지만 채워진 것은 결국 다른 형태로 변하거나 비워집니다. 그래서 허덕이고 갈증을 느낍니다. 그 허덕임과 갈증을 다른 좋은 것들로 채

우려고 또 다른 일시적인 대상을 불러들입니다. 이렇게 끊임없이 내용물들을 바꾸는 것인데, 이것이 내가 가지는 욕망의 악순환입니다. 이러한 망상의 끊임없는 순환 때문에 《능엄경》에서는 생사가 지속되는 것이라고 설명합니다.

프레임인 이야기 그 자체를 의심해야 합니다. 그리고 그 프레임의 근간에 내가 있다는 사실을 철저하게 자각해야 합니다. 프레임인 이야기와 나라는 중심을 의심해야지, 이 안에 들어선 대상과 사건이라는 내용물에만 속으면 안 됩니다. 이야기와 나에 대한 의심과 자각이 성숙해져 이야기와 내가 멈춰질 때, 비로소 눈앞은 펼쳐지게 되어 있습니다. 그 언제나 변함없이 있었던, 그러나 무슨 이유에선지 알아보지 못했던 눈앞이 환하게 드러나게 되어있다는 것입니다. 이것이 곧 '모든 진여의 심성이 맑고 밝은 체體에 항상 머무는' 도리와 만나는 것입니다. 이 도리와 제대로 만나게 된다면 윤회는 그 흐름을 멈추게 됩니다.

윤회에 대한 질문은 '윤회의 작용이 멈추느냐 멈추지 못하느냐'가 되어야 하는 것이지, '윤회가 있느냐 없느냐'가 아닙니다. 윤회의 내용물이 바로 그 망상이기에, 그 망상이 멈추게 되면 윤회 역시도 멈추는 것입니다. 백년 만년 망상을 분석하고 유무有無를 따지고 하는 것이 중요한 게 아니라, 망상을 당장 멈추는 것이 그 모든 수행과 깨달음의 본뜻입니다. 내 스스로 그 망상을 실재화하여 망상에 부림을 당하면서 망상의 공空한 성품과 만나지 못한다면, 윤회는 여전히 있는 것이고, 여전히 작용하고 있는 것입니다. 나의 상황을 별개로 떼어놓고는 윤회를 그 어떤 대상처럼 유무 여부로 논할 수는 없다는 것입니다.

부디 나의 문제로 돌려서 이해의 초점을 분명히 하시길 바랍니다. 윤회는 멈추는 것이고 망상은 벗어나는 것이라는, 이 단순하고 분명한 초점을 잃지 마시라는 겁니다.

'나'라는 통로

"아, 이 쌍노무시키!"

지난봄에 '타이탄폴Titanfall'라는 컴퓨터 게임을 줄기차게 플레이 했습니다. 그런데 게임을 하다가 에덕 킴이라는 친구에게 한 판에서 무려 다섯 번이나 연속으로 킬을 당했습니다. 불끈 화가 나서 이런 욕을 내뱉어버린 것입니다. 저한테서 갑작스레 욕이 튀어나왔음을 알고는 깜짝 놀랐습니다. 그리고 얼마 후, 내가 왜 욕을 했지? 왜 그때 화가 났었지? 하고 그 화났던 감정을 돌이켜보았습니다. 당연하게도 화는 이미 흔적 없이 사라진 뒤였습니다. 이전에 화가 났던 다른 일들도 돌이켜보았습니다. 그때는 분명히 화가 났었는데 그 화는 지금 어디에도 없었습니다. 왜 화가 났는지, 그게 왜 화였는지 이유마저도 까마득했습니다. 화는 났었지만, 그 화는 더이상 여기에 없습니다.

많은 이들이 수행을 하면 더이상 화를 내지 않는다고 생각하는 경우가 많습니다. 마음이 편안해지면 더이상 감정에 휘둘리지 않는다고 여기는 겁니다. 설혹 화가 나더라도 화나는 그 마음을 곧장 알아차려 화를 내지 않게 된다고 말하기도 합니다. 그러나 제 생각은 다릅니다. 모든 경우는 아닐 테지만, 화가 나면 화가 나는 대로 화를 내도 된다고 생각합니다. 왜 화를 내면 안 된다고 할까? 화가 나쁜 거라서? 화가 본디 내면의 성품이 아니라서? 화를 내는 그 마음이 지옥이니까?

화 또한 '이렇게(여시如是)' 분명히 드러나는 것일 뿐입니다.

우리에게서 드러나는 것들, 이를테면 졸리면 하품이 나오고, 배고프면 꼬르륵 소리 나고, 어딜 다치면 '아얏' 소리가 나오는 것처럼, 화가 나면 욕도 나오는 것입니다. 그 모든 드러난 것들 중의 하나로서 화가 있을 뿐입니다. 화는 잘못된 게 없습니다. 그런데 왜 우리는 유독 화를 허락하지 않는 것일까요. 아마도 화를 문제 삼는 것을 그것을 실체화하여 마음 안에 담아두기 때문일 것입니다.

혜가가 달마를 찾아와 "불편한 이 마음을 편안하게 해달라"고 했습니다. 그러자 달마 대사가 "그 마음을 가져오면 편하게 해주겠다"고 말합니다. 혜가가 "마음을 찾을 수 없다"고 하자, 달마 대사는 "네가 마음을 편하게 하였노라"고 말합니다. 이를 두고 안심安心 법문, 즉 마음을 편하게 한 법문이라고 합니다.

무엇이 안심인가요? 마음이라는 게 따로 있어서 마음을 어떻게 잘 단도리하고 가라앉히면 그게 안심인가요? 아닙니다. 답은 이미 혜가가 일러 주었습니다. 우리가 마음 혹은 감정이라고 부르는 어떤 상태가 실체 없음을 깨닫는 것이 곧 안심입니다. 애초에 편안하게 할 수 있는 그런 마음은 없습니다. 마음이라는 것은 잡을 수 있고 변화시킬 수 있는 어떤 실체가 아닙니다. 마음은 모든 것들이 벌어지고 일어나는 근원이자 바탕과도 같은 것입니다. 그러한 마음이 그 어떠한 경계(境界, 일상에서 만나게 되는 모든 일과 상황, 관계 등)를 만나면 그것이 모양이나 소리, 생각과 같은 다양한 방식으로 '이렇게(如是)' 드러나게 되는 것입니다. 하지만 왔던 경계는 반드시 변화하거나 사라지고, 접했

75

던 경계는 반드시 떨어져나가게 되어있습니다. 인연이 변화하기에 경계도 변합니다. 화는 그 경계에 따라 일어났지만, 경계가 사라지면 다시 사라집니다. 이것이 화가 생멸하는 방식이고, 마음이 화를 내용으로 드러나는 방식입니다. 화는 분명히 일어나기도 하지만 반드시 소멸합니다. 화 또한 그렇게 나타났다 사라지는 일종의 경계일 뿐, 그래서 화 자체에 대해 이러쿵저러쿵 의미를 부여하지 않아도 괜찮습니다. 그러나 우리가 화를 부정적으로 대하거나 화를 내지 않으려 노력하는 것은, 이 화를 인연에 따른 경계로 대하지 않고 실체화하기 때문입니다. 실체화된 것은 쌓이기 마련입니다. 그리고 쌓이면 문제로서 나타납니다. 화 또한 하나의 경계로서 나타나 사라지는 흐름과 같은 것이기에 본래 쌓일 만한 것이 없는데, 내 그릇된 분별로 말미암아 이 현상을 실체로 받아들이고 쌓아두기에 화를 문제로 인식하는 것입니다.

화 자체는 문제가 없습니다. 화가 나면 단지 인연 따라 상황 따라 그러한 것뿐입니다. 생겨난 것은 반드시 변화하거나 사라집니다. 화가 사라지면 단지 인연 따라 상황 따라 그러한 것뿐입니다. 일어남과 변화함과 사라짐은 자연스런 순리입니다. 화를 문제로 대하는 것은 이러한 흐름의 순리를 거역하고, 이 잡을 수 없는 흐름을 실체로 만들어 규정하거나 붙잡아두려는 태도 때문입니다.

화가 실체 없는 흐름임을 알아야 합니다. 화의 실체 없음은 사실상 나 자신의 실체 없음과 함께 합니다. 우리는 내가 화를 낸다고 생각합니다. 하지만 나란 무엇인가요. '나'는 사실상 그 화가 드러나는 하나의 통로일 뿐입니다. 통로는 본래 비워져 있습니다. 그러나 우리는 이 통로를 갖은 관념과 욕망으로 가득 채워 실체화합니다. 그리하여 '내'가 따로 있다고 착각하게 되는 것입니다. '나'라는 통로를 비울수록 화도 같이 비워지게 되어있습니다. 화가 사라진다는 게 아니라, 화라는 것을 실체로 믿는 마음이 비워진다는 것입니다. 화의 실체화가 무너질 적에, 그 모든 관념과 욕망들의 실체화 역시 무너집니다. 화 또한 그러한 관념과 욕망의 한 모습이기 때문입니다.

여담이지만, 얼마 후 에딕 킴에게 친구 신청 메시지를 보냈습니다. 에딕이 "너 누구야?" 하고 물어 보았습니다. "좀 전에 니가 게임에서 5번 연속으로 죽인 애"라고 대답했습니다. "나 사실 한국 앤데, 에딕 니가 너무 플레이를 잘 해서 너와 친구하고 싶어"라고 말했습니다. 에딕은 잠시 생각하는 듯하더니 "그래 좋아! 다음에 같이 게임하자!"라고 말하며 친구 요청을 흔쾌히 받아 주었습니다. 이후에 한동안 에딕과 함께 즐겁게 게임을 했습니다.

떨어진 감

3년 전 가을 즈음 일입니다. 김천 시청 앞 스타벅스에서 커피 한 잔 마시며 오랜만에 '된장승' 놀이를 하고 있었습니다. 벤티 모카 프라푸치노를 마시며 스마트폰으로 뉴스를 보고 있는데, 한 청년이 다가와 말을 걸었습니다.

"스님, 요즘 세상에 문제가 많습니다!"

"…아, 그런가요?"

청년은 정치적 사회적으로 문제가 되는 상황을 몇 가지 나열했습니다. 가만히 듣고 있으려니 문득 떨어진 감들이 생각났습니다. 스타벅스 오는 길에 보니 오래된 건물 사이 공터에 누군가가 밭을 만들어 놓았습니다. 그 밭 한가운데 한 그루 감나무가 있었는데, 며칠 전 강풍이 분 탓인지 떨어진 감들이 나뒹굴고 있었습니다. 어떤 감은 익어서 깨졌고, 더러 익지 않은 시퍼런 감들도 있었습니다. 그 청년의 세상 문제를 어느 정도 들은 뒤에 저는 이렇게 물었습니다.

"아까 여기 오기 전에 봤는데, 감나무에서 감들이 땅바닥에 많이 떨어져 있더라고요. 그거 문제가 많은 건가요?"

"네? 그건 자연에서 벌어진 일이잖아요."

"친구가 말한 건, 세상에서 벌어진 일이지요."

청년은 말이 없었습니다.

"제가 다시 물어 볼게요. 그 감 떨어진 게 문제가 많은 건가요?"

"감나무가 제 것도 아닌데, 무슨 문제처럼 보이지는 않는데요."

"마찬가지예요. 이 세상도 당신 거 아니에요. 그러니까 세상의 모든 문제를 다 자기 문제처럼 여기지는 마세요."

사실 이 대화에는 몇 가지 오류들이 있습니다. 유식한 사람들이 나누는 대화인 경우, 그 오류를 지적하는 것으로 대화가 흘러가곤 합니다. 하지만 저는 오류 역시도 다분히 쓸 만한 구석들이 많다고 생각하는 편입니다. 애초 대화를 시작한 청년이 스스로 오류라는 덫을 깔고 들어왔기에, 저는 그 덫을 써먹기로 했던 것입니다. 그리하여 자신이 만든 덫에 자기 스스로 빠지도록 말입니다.

그 청년이 자신이 한 질문을 좀 더 면밀하게 잘 살펴보고, 스스로 만든 덫을 알아차리라는 차원에서 일부러 그 덫에 빠지도록 했습니다. 아주 깊은 덫도 아니고 약하게 끄슬릴 정도라 괜찮습니다. 사람에게는 살아가는 데에 어느 정도의 자극도 필요하고, 경우에 따라 상처가 필요한 경우도 있습니다. 젊고 열의에 넘칠 시기에는 고민도 많이 하고, 생각도 많이 하고, 경험도 많이 해야 합니다. 경우에 따라 이런저런 타박과 비난을 받아도 괜찮습니다. 그것이 나중에는 본인 스스로를 성장케 하는 자양분 역할을 하기 때문입니다. 그런데 그 청년이 조금 더 냉철한 사고로, 아니면 마음이 좀 더 훤히 열려서, 스스로 오류의 덫을 만들지 않았다면 어땠을까요? 아마도 질문이 달랐을 것입니다. 질문 내용이 다르기도 했겠지만, 그 질문이 나오게 되는 근본으로서의 틀이 달랐을 것입니다.

흔히 학문을 '배우는 것'이라고 생각합니다. 배우고 익히는 것, 맞습니다. 학문의 한자는 '學問'입니다. 풀이하는 방식에 따라 '배우고 묻는다'로 해석할 수 있습니다. 하지만 저는 '물음을 배운다'는 것이 학문의 진정한 뜻이라고 생각합니다. 물론 지식을 익히고 채우는 일은 중요합니다. 그러나 그보다 더 중요한 것은 제대로 묻는 것이고, 또 제대로 묻는 것을 배우는 것입니다. 지식을 얻어서 배우는 것도 맞습니다. 하지만 그 모든 학문의 근원적인 출발이며 기반은 물음입니다. 어떤 물음을 하는지가 이미 어떤 것을 배우며 얻을 것인가를 가리켜 주고 있습니다.

수행도 이 물음에서 시작합니다. 이 물음에서 이미 많은 것들이 판가름 납니다.

자승자박

동화사에서 공부할 때였습니다. 어느 날 한 도반스님이 포도 열 박스를 공양으로 냈습니다. 대중이 40여 명, 먹을 게 없어 입이 심심하던 차였기에 무척 반가운 공양물이었습니다. 그런데 공양을 낸 스님이 포도 상자마다 '아무개 공양'이라고 자신의 법명을 사인펜으로 적었습니다. 도반스님은 어떻게든 자신이 공양을 냈다는 흔적을 대중에게 남기고 싶은 듯 보였습니다. 그 광경을 보던 스님들이 뭐 그런 것까지 적느냐며 웃었고, 저도 한마디 보탰습니다.

"아~ 스님! 이것은 금강경도 차마 설하지 못했던 유주상보시有住相布施네요!"

스님들이 웃음을 터뜨렸습니다. 남을 위해 무언가 좋은 일을 했더라도 그러한 상相을 남기지 말라는, 《금강경》의 '무주상보시無住相布施'를 빗댄 농담이었습니다.

자기를 희생하여 좋은 일을 하는 것은 참으로 귀한 일입니다. 그런데 그런 희생과 봉사를 부러 다른 사람이 알게 드러낸다면 그 가치는 상당 부분 무너지고 맙니다. 스님이 말없이 공양을 낼 때와, '내가 공양을 냈소'라고 떠벌일 때 받는 평가는 크게 차이가 납니다. 좋은 일한 흔적을 어떻게든 사람들이 알게끔 남기려 했던 스님의 경우, 좋은 평가는 고사하고 자신의 공부에 스스로 큰 지장을 불러들일 수도 있습니다.

흔히 선인선과 악인악과라고 합니다. 선한 일을 쌓으면 좋은 과보가 있고 악한 일을 쌓으면 나쁜 과보를 받는다는 뜻입니다. 원인이 있고 결과가 따르는 인과는 분명히 있습니다. 하지만 인과에 선악은 없습니다. 그럼에도 선악의 개념을 인과에 집어넣은 이유는 간단합니다. 사람이 가지는 가장 흔한 분별심 중의 하나가 바로 선악인데, 인과를 쉽게 설명하려다 보니 본래 선악이 없는 인과에 선악을 집어넣은 것입니다. 선인선과 악인악과의 구체적 사례와 이야기들은 지천에 널려 있습니다. 그런데 그 많은 이야기들은 다만 인과라는 과정과 속성을 파악하는 데 예시로써 쓰면 그만이지, 절대적으로 옳은 것만은 아닙니다.

그럼 제가 질문을 하나 해보겠습니다. 착한 일을 하는 사람과 나쁜 일을 하는 사람이 있다고 합시다. 그렇다면 이 중 누가 행복하고 누가 고통 받을까요? 아마도 선인선과 악인악과를 따르면, 착한 일을 하는 사람이 행복해야 하고, 나쁜 일을 하는 사람은 고통을 받아야 할 것입니다. 그런데 우리가 사는 현실 세계를 돌아보면 도무지 그렇지 않은 경우가 너무나도 많습니다. 오히려 그 반대의 경우가 흔하지 않은가요. 남에게 헌신적으로 사는 의인이 강도를 만나 칼에 찔려 죽기도 하고, 반대로 만인을 속이며 사기 친 사람이 온갖 부귀영화를 누리면서 살기도 합니다. 이는 우리가 아는 선인선과 악인악과와 정면으로 배치됩니다. 그럼 도대체 누가 고통을 받는 것일까요.

고통은 선악을 행한 사람이 아니라, 분별하는 사람이 받습니다. 이를테면, 어떤 이가 사람들을 속여 부정한 일을 저지른 뒤에도 호위

호식하고 있다는 뉴스를 보게 되면 많은 이들이 격분합니다. 나쁜 짓을 한 건 분명 뉴스에 나온 악인인데, 이를 보고 화가 나고 마음이 불편한 건 나쁜 짓과 전혀 상관이 없는 '나'입니다. 이게 실제 벌어지고 있는 우리의 현실입니다. 왜 그렇습니까. 앞서 말했듯이 고통은 선악을 행한 사람이 아니라 이를 분별하는 사람에게 찾아오기 때문입니다.

사실 인과에도 여러 종류가 있습니다. 분별하는 사람에게 고통이 찾아오는 인과를 저는 '마음 안의 인과'라고 부릅니다. 밥을 먹으니 배가 부르고, 피곤하니 졸음이 몰려오는 인과와는 다릅니다. 이러한 인과에는 선악이 없습니다. 그러나 '마음 안의 인과'는 곧잘 선악의 분별과 연결이 됩니다. 내가 그 선악의 분별을 만들고, 그 분별을 한 사람이 나 자신이기에, 그 분별로써 오는 고통은 당연히 내가 받게 되어있습니다. 내가 원인을 만들었기에 그 결과도 나 자신이 받는 것입니다. 한치의 오차도 없는 진실입니다. 그 누구도 이 '마음 안의 인과'를 피해 갈 수 없습니다.

그러나 세상에서 벌어지는 모든 일들이 마음 안의 인과로 해석되고 풀리는 것은 아닙니다. 인과는 나뿐만이 아닌 바깥의 여러 상황과 조건의 복합적인 상호작용으로 벌어지는 것이기 때문입니다. 단지 나만의 업에 그치지 않고, 가족과의 긴밀한 인연이 인과를 만들고, 나아가 타인, 이웃, 사회라는 다양한 조건과 상황들이 인과로 연결됩니다. 뿐만 아니라 우리가 사는 터전 또한 이 인과의 연결 고리 위에 있고, 지금 살아가는 이 시대 또한 인과에 얽혀져 있습니다. 그렇기에 사회의 어떤 현상이나 결과를 두고 이것 때문에 이런 일이 벌어졌다, 라는 식으로 단순하게 인과를 결론짓는 것은 불가능합니다.

이렇듯 복잡다단하고 불가해한 인과의 울타리 안에서 굳이 이 '마음 안의 인과'를 강조하는 것은, 이것만큼 우리가 어떻게 해볼 수 있어서입니다. 즉 내 마음을 고요히 하여 밝게 들여다본다면, 그래서 그 마음의 근원과 작용을 서서히 밝혀 간다면, 우리가 가지는 그 수많은 분별을 멈추어 지켜볼 수 있습니다. 그렇게 분별을 알아차릴 수 있다면, 분별에 덜 휘둘리게 될 것이고, 그러함으로 우리 마음이 만든 분별의 덫에 스스로 걸려드는 일은 점차 줄어들 것입니다. 그리하여 마음이 밝아진다면, 이 밝음은 단지 나에게만 그치지 않고, 다른 사람과의 관계나 세상사의 일까지도 훤하게 비추어 낼 것입니다. 나와 타인, 세상이란 것도 알고 보면 마음이라는 연결 고리 안에서 인연 따라 그 모습을 달리할 것이기 때문입니다. 그렇게 마음 밖의 일이란 없는 것입니다.

《신심명信心銘》 서두에 나오는 구절입니다.

지극한 도는 어려운 게 아니고 오로지 분별심을
떠나는 것뿐
좋아하고 싫어하는 것만 없으면 모든 게 툭 트여
명백히 드러나리라.

至道無難 唯嫌揀擇
但莫憎愛 洞然明白

대중에게 포도 공양을 내는 것은 사실 좋은 일도 아니고, 그렇다고 물론 나쁜 일도 아닙니다. 그래도 구분을 해야 한다면 물론 좋은 일에 가깝습니다. 하지만 근원적으로는 좋고 나쁨을 떠나, 사람이 많이 지내다 보니 먹을 것이 부족한 상황에, 먹을 것을 준비한 일종의 대응이라 보면 됩니다. 상황과 대응에는 선악이 없습니다. 하지만 거기에 나를 들여다놓고 분별로써 의미를 부여하면 이전에 없던 선악이 발생해버립니다. 도반스님은 그 드러내고 싶은 마음 때문에 도리어 대중들에게 웃음을 사고야 말았습니다. 공양을 내는 선善한 일로 귀결 지으려 했음에도 불구하고 웃음거리란 악惡의 결과를 받고야 말았습니다. '마음 안의 인과'라는 것은 이렇게 명확하고 한 치의 오차가 없는 것입니다. 선악을 분별하고 드러내려는 사람이 결국 그 분별함으로 인해 자신 스스로 과보를 받게끔 되어있습니다. 이를 표현하는 아주 명쾌한 말이 있습니다.

자승자박自繩自縛입니다.

스승은 있다

어떤 분이 찾아와 이런 말을 합니다. 세상에 도무지 존경할 만한 스님이 없다고 말입니다. 가벼운 웃음이 나왔습니다. 왜 그분 눈에는 못난 스님들만 눈에 띄었을까요. 존경할 만하고 무언가 배울 게 있는 스님이 어딘가 분명히 있을 텐데 말입니다. 그분에게 왜 '내 주위에는 그런 스님이 없는 것'인지, 스스로에게 물어본 적이 있느냐고 묻고 싶었습니다. 아마도 없을 것입니다. 꼭 스님만이 아닙니다. '나에겐 존경할 만한 스승이 없다'는 건, 주변에서 익숙하게 듣는 말이기도 합니다.

스승이 없다고 여기는 이들은 대개 그 어떤 스승에게도 가르침을 받으려는 노력을 해본 적도 없습니다. 스승을 찾아보려는 노력 자체를 해본 적이 없는 것입니다. 가르침은 내가 일방적으로 기다린다고 해서 찾아오는 게 아닙니다. 자신 스스로도 가르침을 얻으려고 백방으로 노력해야 합니다. 선재동자는 수많은 선지식을 찾아뵙기 위해 갖은 정성을 다하고 열의를 보였습니다. 그러한 남다른 구도열로 선재동자는 마침내 깨달음을 이룰 수 있었던 것입니다. 스스로 구하지 않는데 스승이 어떻게 올까요. 선재동자는 스님이나 외도들, 왕 뿐만 아니라 장사꾼이나, 뱃사공, 심지어는 몸을 파는 여인도 찾아가 가르침을 들었습니다. 모두 53명, 가르침은 각각이었습니다. 스스로 열린 마음, 법에 대한 믿음이 있었기에 가능한 일이었습니다. 존경할 만한 스님이 없다고 여기는 그분은 특별히 그 어떤 분을 찾아뵙거나 법문을 듣는 그 어떤 노력을 하지도 않은 채, 신문 사회면이나 종교 이슈만 언급했습니다. 어떤 스님이 음주운전을 하고, 어떤 스님이 사기를 쳤고, 어떤 스님이 간통을 했다 등의 뉴스 말입니다. 문득 윤대녕 작가의 어느 소설에 나온 한 구절이 떠올랐습니다.

'사람의 마음이란 이미 제 볼 것 다 정해놓고, 그렇게 봅니다.'

법에 대한 믿음이 있으되, 스승 복이 없다고 여겨진다면 내가 그 복을 쌓으면 됩니다. 존경할 만한 스님을 주위에 수소문하면 이런저런 조언이나 추천을 받을 수도 있습니다. 그런 다음엔 그 스님 사는 절에 찾아가 차 한 잔 마시고 싶다고 청하면 됩니다. 그럼 됩니다. 무척이나 간단합니다. 스님은 사람 만나는 게 일인 만큼 웬만하면 만날 수 있습니다. 그래도 사람 사이의 만남인지라, 빈손보다는 간단한 간식거리라도 사가면 좋습니다. 작으나마 그러한 것들도 정성이 됩니다.

이미 스님인 저도 선지식 복을 쌓기 위해 노력합니다. 다른 절에 가면 항상 법당 불전에 공양을 올리고, 스님들 간식거리를 사기도 합니다. 스님이라고 점잖게 공양을 받기만 할 생각은 없습니다. 저 또한 공부하고 수행하는 사람이기에, 이 수행의 인연이 잘 이뤄지도록 유루有漏의 복을 발원하기도 하고 스스로 복을 짓기도 하는 것입니다. 그러나 그 무엇보다 자기 스스로 수행을 통해서 마음을 비울 준비를 해나가야 합니다. 비우지 않고서는 본래 자연스럽게 있는 마음이 열리지 않습니다. 마음이 열리지 않으면 스승도, 선지식도, 부처도 찾아 나서려 하지 않습니다. 그리고 마음이 열리면 새로운 안목이 드러나게 됩니다. 안목이 드러나는 방식이란, 그렇게 못나 보이던 사람들이 결코 못나지 않은 사실을 알게 되는 것이고, 암울하고 비관적으로 보였던 세상이 바뀐 바 없는 그대로 맑고도 깨끗한 모습으로 새롭게 다가서는 일입니다. 내 안목이 바뀌면 사람도 바뀌고 세상도 바뀌게 됩니다. 그러한 동시에 못난 모습만을 보아 왔던 내 자신이 얼마나 큰 자만에 빠져 있었는지 그제야 알게 되는 것입니다. 갇혀 살 때는 모릅니다. 벗어날 때에야 비로소, 그간 갇혀 살았다는 사실을 자각할 뿐입니다.

불교는 우리가 명백히 고정된 실체로서의 세상을 사는 게 아니라는 사실을 분명하게 알려 줍니다. 우리가 생각하는 그런 세상은 없습니다. 심리학자 아들러는 말합니다. "사람은 객관적으로 같은 세계에서 사는 게 아니라, 각각의 자신이 '의미 부여'한 다른 세계에서 살아가고 있다." 맞는 말입니다. 세상에 수많은 사람의 수만큼, 수많은 세상이 있고, 그 세상만큼 다른 우주가 있습니다. 그래서 사람과 사람의 만남이란, 개인과 개인의 사소한 만남이 아니라 서로 다른 세상과 우주의 거대한 조우인 셈입니다.

사람은 자신이 보고 느끼는 딱 그만큼만, 사람을 판단하고 세상을 평가합니다. 이는 명백한 진리입니다. 만일 내가 보는 사람과 세상이 형편없이 느껴진다면, 사실 그건 내가 그런 형편없는 사람이라는 뜻입니다. 정말 제대로 사람을 보고, 세상을 온전히 받아들이고 싶으신가요.

그럼 비우십시오. 비운만큼 사람과 세상은 새롭게 열립니다.

공덕천과 흑암녀

도봉산 망월사 천중 선원에서 아침 공양을 한 뒤 저와 두 도반스님, 이렇게 셋이 모여 커피 한 잔씩 마셨습니다. 가끔은 선원장 스님이 이 자리에 함께 하기도 했습니다. 이런저런 애기를 하다가 도반스님이 다음 송광사 안거 때 한 자리가 비어 방부(房付, 머물며 수행할 수 있기를 청하는 일)를 넣었는데 허락을 받았다는 말을 했습니다. 방부의 채택 여부를 결정하는 송광사 어른스님께 "망월사에서 제일 착한 스님이 방부를 넣는다"는 소문이 들어간 모양이었습니다. 이 말을 들곤 선원장 스님이 한마디 하셨습니다.

"○○스님은 착해서 송광사 방부를 넣을 수 있었지만, 원제 스님은 못 들어가겠네."

선원장 스님의 애정 어린 말씀에 저는 재빠르게 말대꾸했습니다.

"스님, 아닙니다! 저도 들어갈 수 있습니다!"

"아니, 어떻게 해서?"

"원래 공덕천과 흑암녀는 같이 다니잖습니까. ○○스님이 공덕천과니까 흑암녀 택인 저도 당연히 같이 따라갈 수 있는 거죠!"

스님들이 방안에서 한바탕 웃어버렸습니다.

《열반경》〈성행품〉에는 '공덕천과 흑암녀' 설화가 나옵니다.

옛날 옛적, 궁궐 같은 부잣집에 하늘에서 금방 내려온 선녀처럼 아름다운 여인이 온몸에 진주와 보석들을 주렁주렁 매달고 찾아왔다. 미모와 향기에 황홀해진 주인이 "당신은 누구요?" 하고 물었다.

"나는 공덕천입니다."

주인이 다시 물었다.

"우리 집에는 왜 왔소?"

공덕천이 말하기를 "나는 이 세상의 복이란 복, 행운이란 행운, 횡재할 수 있는 재수란 재수들을 모두 모아 당신네 집에 찾아들게 하려고 찾아온 천사랍니다"라고 했다.

주인은 기뻐서 어쩔 줄 몰라 하며 여인을 집 안으로 들게 하고는, 온갖 진수성찬을 대접하며 야단법석을 떨었다.

바로 그때 누군가 대문을 두드렸다. 주인은 또 어떤 선녀가 더 큰 복을 주려고 찾아온 것일까, 기대하며 달려나갔다. 대문을 열자 때가 꼬질꼬질 더러운 넝마를 걸치고, 얼굴은 새까만 밉상인 데다 주근깨가 잔뜩 긴 여자가 서 있었다. 주인은 얼굴을 찡그리며 당장 여자를 내쫓을 심산으로, "당신은 누구요?"하고 물었다.

여자가 대답하길, "나는 흑암녀입니다"라고 했다.

"대관절 우리 집에 찾아온 용건은 무엇이요?"

"나는 당신네 집으로 수많은 불행과 불화, 재앙, 질병과 재산을 탕진하게 하는 나쁜 운수가 찾아들게 해주러 온

여신이요.”

이 말을 듣고 주인은 벌컥 화를 내면서 부엌칼을 들고 와서는 죽이겠다고 엄포를 놓으면서 한시 바삐 사라지라고 했다. 그러자 흑암녀는 까만 눈을 초롱초롱 빛내면서 이렇게 말했다.

“네. 나가라고 하면 나가겠습니다. 다만 지금 당신 집 안에 있는 공덕천이라는 여자가 나와 쌍둥이 자매인데 어찌하면 좋은가요? 우리 자매의 몸엔 보이지 않는 끈이 달려있답니다. 우리 둘은 어딜 가든지 함께 다닐 수밖에 없지요. 떨어져서는 절대 못 사는 운명이라서 내가 이 집에서 쫓겨난다면 응당 언니도 나를 따라 올 것이고, 언니가 집에 있는 한 나도 집 안으로 따라 들어가게 되어있습니다.”

주인이 공덕천을 바라보니, 공덕천은 미소를 지으며 조용히 고개를 끄덕이고 있었다.

많은 사람들이 ‘공덕천과 흑암녀’ 설화를 두고, 좋은 일이 있으면 나쁜 일도 생긴다, 인생은 새옹지마다, 보기에 따라 좋은 일일 수도 혹은 나쁜 일일 수도 있다는 식으로 풀이합니다. 옳은 해석입니다. 그런데 이 설화에는 전혀 다른 상징이 있습니다. 집 안으로 들어온다는 것은 실제 사람 사는 건물 형태의 집이 아닙니다. 그 집은 바로 ‘아상我相의 집’입니다. 내가 있다는 상相으로 들어와서 그 집을 지탱하는 것이 바로 공덕천과 흑암녀입니다. 그렇기에 공덕천과 흑암녀는 '분별심'을 뜻합니다.

공덕천이 선善이면 흑암녀는 악惡이고, 공덕천이 옳은(是) 것이면 흑암녀는 그른(非) 것이고, 공덕천이 아름다움(美)이면 흑암녀는 추醜함이고, 공덕천이 복福이면 흑암녀는 화禍입니다. 선악과 시비, 미추, 복화는 인간이 가지는 분별심의 대표적인 것들이고, 이것이 아상이라는 집 안에서 살아가고 동시에 아상을 구성하는 요소들인 것입니다. 이 설화는 선악을 포함한 그 모든 분별심은 아상이라는 틀 안에서 존재할 수 있음을 상징적으로 보여 주고 있는 것입니다.

그렇다면, 집에서 살되 공덕천과 흑암녀를 들이지 않으면 되지 않느냐고 하는 물음을 가질 수도 있습니다. 그러나 그게 쉽지는 않을 것입니다. 그러한 아상이라는 틀을 남겨두는 이상 공덕천과 흑암녀가 수많은 형태로 변모하며 계속해서 문을 두드리며 찾아올 것이기 때문입니다. 그럼 과연 어떻게 해야 할까요.

답은 단순합니다. 집을 헐어버리면 그만입니다. 그리하면 더 이상 자신들의 몸을 기댈 장소가 없기에 공덕천도 흑암녀도 이곳을 그냥 지나치게 될 것입니다. 집이 없으니 잠시 머물 수조차도 없으므로, 그것이 공덕천인지 흑암녀인지 알 도리도 없습니다. 그저 스쳐 지나가는 바람으로만 느껴질 것입니다. 흘러가고 스쳐 지나가는 바람에 무슨 선악이 있고 시비가 있을 리가요.

집이 없기에 그 어떤 주인이 있을 리도 없습니다. 그곳에는 그냥 온갖 초목이 자라나는 숲만 있을 뿐입니다. 그 숲 안에서 나뭇잎은 바람에 일렁이고 있으며, 시냇물은 졸졸 흘러가고 있습니다. 이끼 낀 바위가 조용히 시냇물 소리를 듣고 있으며, 보름달은 호젓하게 떠서 숲을 비출 뿐입니다.

이 두루 하고 온전한 소식이 눈앞으로 드러나야 합니다.

'나'는 하나의 통로입니다. 통로는 본래 비워져 있습니다

벽을 넘는 용기

저도 그렇지만 제 나이대 친구들은 20대에 무라카미 하루키의 소설을 한두 편씩은 읽었습니다. 한국에선《상실의 시대》가 무라카미 하루키의 가장 대표적인 소설이겠지만, 제 생각엔《태엽 감는 새》가 가장 역작이 아닌가 합니다. 하지만 가장 오래도록 인상에 남는 것은《세계의 끝과 하드보일드 원더랜드》라는 작품입니다.

〈세계의 끝〉에서 주인공은 견고한 벽으로 둘러싸인 세계에 삽니다. 그는 그림자와 분리되어, 도서관에서 매일 죽은 일각수의 꿈을 읽는 작업을 합니다. 일각수에는 사람들의 감정이 담겨져 있고, 이 꿈을 읽는 작업을 통해서 그 감정들을 허공으로 흩어버리는 것입니다. 이 작업을 완전히 마치게 되면 그림자는 세계에서 사라지게 됩니다.

소설에서 그림자는 마음을 상징합니다. 꿈을 다 읽고 감정이 사라지면 그림자는 생명을 잃고 사라지고야 마는 거지요. 이렇게 해서 벽의 세계 안에 사는 사람들은 마음을 잃어갑니다. 그러나 이야기의 끝에서 주인공과 그림자의 행보는 다릅니다. 그림자는 벽의 세계로부터 탈출해 마음을 잃지 않기로 결정한 사람들이 사는 벽 너머의, 그 알 수 없는 숲으로 들어갑니다. 그렇게 그림자를 보내고 난 뒤에 주인공은 벽의 세계에 남기로 결정합니다.

20대 초반에 이 소설을 읽은 저에겐, 소설에서 벽으로 둘러싸인 세계와 숲의 세계에 대한 이미지가 아직까지 강하게 남아 있습니다. 벽의 세계는 안전하고 평화롭습니다. 그 어떤 예상 밖의 일은 없습니다. 거기서는 걱정할 일도 크게 기뻐할 일도 없습니다. 그러나 숲의 세계는 다릅니다. 그곳은 불가해와 불확정의 장소이고, 그곳에서 어떤 일이 벌어지고 있는지 아무도 모릅니다. 오직 그 숲의 세계에 들어간 사람만이 알 것입니다. 불가해란 무지無知이고 불확정이란 불안不安입니다. 벽 너머의 숲이 공포스러운 것은 다른 이유 때문이 아닙니다. 그곳에 대한 일체의 지식이 없기 때문이고, 예상할 수 없기에 공포가 되는 것입니다. 무지와 불안이 공포의 근원인 것입니다.

소설의 주인공은 안전한 벽 안의 세계에 남기로 하고, 그림자는 불가해와 불확정의 세계인 숲으로 들어가기로 결정합니다. 저는 편안함을 버리고 숲으로 들어가기로 한 그림자의 결정에 깊은 인상을 받았습니다. 그림자 또한 그 숲이 어떠한 곳인지는 전혀 모릅니다. 지극히 안전하고 편안하게 사는 벽 안의 공가이 좋을 수도 있지만, 그림자는 벽으로 둘러싸인 이 세계가 여전히 의심스러운 장소라고 생각했습니다. 의심조차도 허용치 않는 편안함마저도 의심스런 곳이 바로 벽 안의 세계였습니다. 저 알 수 없는 숲으로, 알 수가 없어서 공포스럽기도 한 저 무지의 숲으로 들어가기로 한 결정을 한 그림자가 어쩌면 당시의 제 마음을 대변했을지도 모릅니다. 그 마음이 면면히 이어져서 지금 이렇게 출가해서 수행하며 살아가는 것인지도 모르고요.

《법구경》에 나오는 부처님의 게송입니다.

집을 짓는 자여

나는 이제 그대를 보았노라.

그대는 이제 더이상 집을 짓지 못하리라.

이제 모든 서까래는 부서졌고

대들보는 산산조각이 났으며

나의 마음은 열반에 이르렀고

모든 욕망은 멸하였노라.

일반적인 경우 집을 지어야지만, 그리고 그 안에서 살아야지만, 사람은 편안하고 행복할 것입니다. 하지만 부처님은 달리 말합니다. 더 이상 집을 짓지 않겠노라고, 또 더이상 집 지음을 허락지 않겠노라고 합니다. 그것은 '집을 짓는 그대'를 보았기 때문이라고 합니다. 보는 그 순간 지었던 집은 무너지고, 더이상 집은 지어지지 않는 겁니다. 그리고 집이 없어서 평정한 상태를 두고 열반이라고 했습니다. 이 집이 뭘까요?

이 집은 상相입니다. 상을 지어야지만, 그리고 그 안에 자리 잡아야지만 안전함을 느끼고 편안해지는 게 바로 우리들의 삶입니다. 소설에서 세계를 둘러싼 벽과 이 집은 같습니다. 벽 안에서 살아야지만, 집 안에 들어서야지만 우리는 편안함과 안전함을 얻습니다. 그리고 이 상 중에 가장 근원을 이루는 것은 바로 아상我相입니다. 내가 있다는 그 믿음으로 인해서 그 모든 것들이 생겨나는 것입니다. 내가 있으니 남도 있고, 내가 있으니 내가 하는 생각도 있고, 내가 나로부터 지각되는 그 모든 대상들이 실재하게 되는 것입니다. 하지만 불교에서는 왜 내가 없다고, 왜 무아無我라고 할까요?

내가 없다는 것은 그렇게 상으로 둘러싸인, 이렇게 작은 몸 안에 가둬진 내가 없다는 것입니다. 상을 가지고, 그리고 몸을 나라고 여기면, 그건 내가 있는 겁니다. 그건 작은 나이고 보잘 것 없는 나입니다. 하지만 진정한 나란 그렇게 작고 보잘 것 없는 게 아닙니다. 진정한 나는 우리가 생각할 수 있는 것보다 훨씬 큽니다. 그런 작은 몸뚱이 하나에 갇혀 사는 내가 아닌 겁니다.

진정한 나는 이 모든 전체로서의 나입니다. 그렇기에 진정한 나는 시간에도 걸림이 없고, 공간에도 자유로워 세계 그 자체로 있습니다. 진정한 나는 크기도 없고, 속성도 없고, 근원도 없고, 다함도 없고, 실체도 없고, 이름도 없습니다. 이를 두고 불교에서는 필요에 따라 '참나'라고 부르기도 했습니다. 상으로 둘러싸인, 몸뚱이에 갇혀 사는 작은 내가 아니라, 무궁무진함으로 자유로운 나를 두고 '참나'라고 부른 것입니다. 본래 이름이 없는 것이지만, 일반적으로 불성佛性이라 부르기도 했고, 대승에서는 공空이라 칭하기도 했으며, 선가에서는 본래면목本來面目이라 하기도 했습니다. 이것은 또한 '이 뭣고'라는 화두를 할 적에 바로 '이'입니다. '이'는 그 어떤 특정한 대상 하나를 가리키는 '이'가 아닙니다. 전체로서의 '이'입니다. 소리로서의 '이'이고, 소리 남으로서의 '이'이기도 하며, 동시에 전체로서의 '이'입니다. 하나지만 전체이고, 전체이면서도 하나인, 그렇게 결코 분리될 수 없는 떨어질 수 없는 온전함으로서의 '이'입니다.

집은 부서져야 합니다. 벽은 벗어나야 합니다. 그러기 위해선 '집을 짓는 그대'를 바로 보아야 합니다. 그럴 때에야 비로소 집은 곧장 무너지고, 더이상 집은 지어지지 않습니다. 그때부터는 집 없이 살아가게 됩니다. 우리가 애착했고 또 갇혀 살기를 원했던 그런 벽으로 둘러싸인 집 없이 살아가는 겁니다. 집이 없다고 불안해하지 마시기 바랍니다. 우리는 작은 집을 버리는 동시에 큰 집을 얻을 것이기 때문입니다. 이 큰 집은 허공입니다. 시공간에 걸림 없는 허공과 같은 전체입니다. 우리는 큰 집 '안'에서, 전체 '안'에서 살아가는 게 아닙니다. 그 큰 집'으로서', 그 전체'로서' 살아가는 겁니다. 이 큰 집으로 돌아가, 큰 집으로서 살아가는 일입니다. 처음부터 떠난 적도 없고, 그 어떤 때에도 벗어난 적도 없는 이 전체라는 큰 집으로서 온전하게 살아가는 일입니다.

이 공부에는 용기가 필요합니다. 세상에서의 용기는 상황이나 대상에 굴복되지 않고, 자신이나 자신의 뜻을 지켜나가는 것을 용기라고 합니다. 무언가를 대상으로 해서 싸우고 이겨나갈 수 있는 것을 용기라고 합니다. 하지만 수행에서의 용기는 전혀 다릅니다. 그 대상이 밖으로 향한 게 아니라, 바로 나 자신으로 돌아가기 때문입니다. 나에 대한 의심을 하는 용기이고, 작은 집에 대한 집착을 벗어던지는 용기입니다. '이게 나다'라는 관념이나, 혹 내가 무언가를 알고 있다는 생각이나, 내가 추구하는 그 어떤 가치가 있다는 믿음까지 그 모든 것에서 벗어날 줄 아는 용기입니다. 편안함을 버리고 오히려 무지와 불안 속으로 들어가는 것이 용기입니다. 그래서 아는 것도, 의지할 것도, 붙잡을 것도 없는 그 숲으로 걸어 들어가는 용기입니다. 진정한 용기란 나를 지키는 용기가 아닙니다. 나를 놓아버리는 용기입니다.

그래서 고인들은 대사각활大死却活이라 말하셨습니다. 나를 놓아버려 크게 죽을 때에야 도리어 진정한 나로서 살아나는 법이라고 말입니다. 백천 장대 끝에서 한 걸음 더 나아가야만 하는 것입니다. 그제야 비로소 허공으로서 살아갈 수 있는 것입니다.

진정한 용기란 나를 지키는 용기가 아니라
나를 놓아버리는 용기입니다

킬링 법문

한 도반 스님이 웃으며 말합니다.

"스님, 요즘엔 힐링이 대세인데, 스님은 혼자서 킬링하고 있어요."

그러면서 제가 하는 말이나 글들은 '힐링healing 법문'이 아니라, '킬링killing 법문'이라고 합니다. 저도 웃으며 수긍했습니다.

사람은 '지 생겨먹은 대로만 살아도 문제없다'라고 말하는 편이기도 하지만, 제가 힐링보다 킬링을 주로 하게 되는 이유에는 '선禪'이라는 공부 방식도 큰 영향을 미쳤을 것입니다. 불교를 처음 공부할 때에는 초기경전을 보기도 했지만, 출가한 이후로는 줄곧 어록을 보면서 공부했습니다. 어록을 본 이유는 단순했습니다. 이해가 되지 않았고, 의심이 들었고, 집중이 되었기 때문입니다. 초기 경전을 볼 때에는 '이해'가 되었습니다. 그런데 저는 이해에는 그다지 흥미를 느끼지 못했고, 오히려 이해되지 않는 것에 더 큰 관심을 가졌습니다. 그래서인지 이해하지 못하는 것에 오히려 더 큰 알 수 없는 믿음이 들기도 했습니다.

'이 사람(어느 조사스님)은 왜 이런 소리를 하지? 뭘까…, 이렇게 말하는 이유가 뭘까?' 흔히 화두선에서 말하는, 특정 화두에 대한 의심이 일상생활이나 삶의 순간에 끊임없이 지속된다는 '동정일여動靜一如', '몽중일여夢中一如' 같은 것을 단계적으로 거친 일은 없습니다. 하지만 그 모든 것들을 향한 의심은 여전했습니다. 제가 보고 있는 것, 느끼는 것, 생각하는 것, 눈앞의 상황을 몇 걸음 떨어져서 의심해 보는 일은 늘 상 벌어지고 있었습니다.

사형스님들과 다각실에서 대화를 하다가 '귀신파(제가 쓰는 용어인데, 흔히 영가라고 말하는 귀신을 느끼고 귀신을 얘기하는 이들)'에 대한 얘기가 나왔습니다. 저는 귀신을 느껴본 적이 없습니다. 하지만 사미계를 수계하고 난 뒤, 수도암에서 6개월간 대적광전 기도 소임을 맡은 적이 있는데, 당시 특이한 경험을 하기는 했습니다. 어느 날엔가 잠을 자는데 누군가가 제 방으로 들어왔습니다. 비몽사몽간으로 보니 흰수염과 백발이 기다란 백의白衣의 노장이 제 무릎을 주무르기 시작했습니다. 사람들이 말하는 '이런 세계'가 있는 건가 싶었습니다. 하루에 네 번, 총 여섯 시간씩 기도를 하느라 몸이 피곤했기에, 그 기도의 공덕으로 몽중가피를 입었나 싶은 생각이 들었습니다. 안마가 나쁠 것도 없기에 백의의 노장이 하는 대로 그냥 두었습니다.

다음날 노장은 혼자 오지 않았습니다. 비슷하게 생긴 노장 둘을 더 데리고 왔습니다. '친구분 데려왔구나'라고 생각했습니다. 한 노장은 제 팔을 주무르고, 다른 노장은 다리 한 짝씩 붙들고 안마를 했습니다. 나름 안마를 즐겼습니다.

그러나 이도 얼마 가지 않았습니다. 제아무리 저를 돕는다 해도, 그 안마가 의심스러웠고 저 노장들 자체에 대한 의심이 들었습니다. 꿈 이야기를 듣고 어느 스님은 그분들을 산신으로 보았고, 또 어느 스님은 수도암 나한님들이라고 했습니다. 저는 그들이 누군지에 대한 관

105

심보다는 다른 생각이 들었습니다. 많은 사람들이 이를 '수행의 가피'로 여기며 노장들에 대한 감사를 느꼈을 테지만 저는 오히려 반대였습니다.

'속고 있다'는 생각이 강하게 들었습니다.

어느 날엔가 그들에게 분명히 말했습니다.

'앞으로는 저한테 찾아오지 마십시오. 안마가 고맙기는 하지만, 당신들 도움 필요 없습니다. 당신들 도움 없이 저 혼자 알아서 잘 살아갈 겁니다. 당신들은 당신들 일 보시고, 저는 제 일 잘 볼 겁니다.'

그 뒤에도 1년여 동안 어떤 노장이 틈틈이 저를 찾아와 또다시 허벅지를 주무르기는 했지만, 제가 버럭 화를 내고 단호하게 말한 이후로 더이상 찾아오지 않았습니다.

이 경험을 두고 '저런 세계가 느껴질 수도 있겠구나' 하는 정도의 의미를 새기면 됩니다. 하지만 이를 두고 저러한 세계가 '있다'라고 규정해서는 안 됩니다. 그 세계를 좋아하고, 그 세계로 다가가면, 그 세계가 '있게 되는 것'이 됩니다. 부처님은 법에 관한 이야기를 할 뿐이지, 쓸데없이 귀신 얘기를 하지 말라고 하셨습니다. 귀신의 세계를 좋아하고, 귀신의 세계로 다가가면, 귀신의 세계가 있게 되는 것입니다. 그리고 그 귀신의 세계를 받아들이면 제 스스로 귀신 노릇을 하게 되는 것입니다.

무착 스님이 어느 해 겨울 동짓날이 되어 팥죽을 쑤고 있었습니다. 그러다 김이 무럭무럭 나는 죽 속에서 문수보살이 장엄한 모습으로 나타났습니다. 그러자 무착 스님은 팥죽을 젓던 주걱을 들어 문수보살의 얼굴을 사정없이 후려갈기며 말했습니다.

"문수는 당신의 문수요, 무착은 내 무착이다."

그러고는 다시 말했습니다.

"만일 문수가 아니라 석가나 미륵이 나타날지라도 내 주걱 맛을 보여 주리라."

문수보살은 어떻게 반응했을까요. 부처의 스승이고, 지혜의 상징이기도 한 문수보살이 주걱으로 맞았으니 기분 나빴을까요.

> 쓴 조롱박은 뿌리까지 쓰고
> 단 참외는 꼭지까지 달도다.
> 내 삼대겁三大劫을 수행해오는 동안
> 오늘에서야 괄시를 받아 보는구나.

문수보살은 괄시받기를 그토록 오랫동안 기다려왔던 것입니다.

의심의 속성은 '킬링'입니다. 눈앞의 감각 대상과 경험들을 곧이 곧대로 받아들이지 않고 의심하는 것이며, 거리를 두는 것이고 속지 않는 것입니다. 그러면서 실체화에서 멀어지는 것입니다. 대상들에 대한 실체화에서 멀어질 적에, 나 자신에 대한 실체화에서도 동시에 멀어지게 되어있습니다. 나라는 실체가 그 얼마나 강력한 중심이며 끈질긴 집착인가요. 나 역시도 포함되는 그 모든 대상들과 감각들에 대한 실체화에서 벗어날 적에 우리는 비로소 눈앞이라는 진리를 만나게 됩니다. 눈으로는 볼 수 없고, 앞도 뒤도 없는 그러한 전체로서의 눈앞입니다.

의심이라는 수행은 나와 대상과 감각, 생각들에 대한 집착을 킬링하는 것이지만 그 킬링이 무르익으면 종국에는 결코 킬링할 수 없는 전체로서의 눈앞이 자연스레 살아나게 되어 있습니다.

허공 같은 눈앞입니다. 그 누가 허공을 벨 수 있으며, 허공을 태울 수 있겠습니까. 의심이라는 수행은 이런 것입니다. 그 모든 대상들에 대한 집착을 킬링하는 것이 의심이지만, 결코 킬링될 수 없는 전체를 살려내는 것이 바로 의심입니다. 대상들을 죽이지만 전체를 살립니다. 킬링이지만 동시에 힐링입니다. 대사각활大死却活, 크게 죽는 동시에 제대로 살아나는 입니다.

전체가 살아날 적에 비로소 대상들도 제대로 살아납니다. 그러나 정작 죽는 건 결코 대상이 아닙니다. 그건 대상에 대한 그릇된 집착입니다. 집착 없음으로 대상들이 온전하게 살아나는 것이 진정한 안목이 열리는 것이고, 얻을 바 없는 깨달음을 얻는 것이며, 눈앞으로 사는 것이며, 자신의 집으로 돌아가는 것이며, 자신으로서 제대로 노릇하는 일이며, 그 모든 대상이 그만의 인연에 알맞게 온전함으로 노릇하는 일입니다.

까마귀는 까악까악 울고 목탁은 또록또록 소리 납니다.
파란 하늘은 한없이 드넓고, 흰구름은 조용히 흘러갑니다.

모처럼 햇볕이 쨍쨍하니 빨래하기 좋은 날이네요.
세탁기에 빨래를 넣고 나한전에 마지 올리러 가야겠습니다.

내 등불을 꺼야지만

밤 10시, 철야 기도를 하러 망월사에 가기 위해 도봉산을 올랐습니다. 헤드 랜턴도 없고, 그렇다고 핸드폰에 장착된 랜턴도 켜지 않았습니다. 흔히 밤 산행에는 랜턴이 필요하다고 여기지만, 실제 밤 산행을 해 보면 랜턴 없이도 산행하는 데 큰 무리가 없다는 걸 알게 됩니다. 그건 달빛 때문입니다.

랜턴을 켜면 물론 내 눈앞의 길은 밝아집니다. 길이 명확하게 보이고 걸려 넘어질지도 모를 돌부리도 잘 보입니다. 그런데 랜턴을 켜지 않는 것은 산에 내리는 달빛만으로도 충분히 밝기 때문입니다. 그래선지 랜턴을 켜면 도리어 더 어두운 느낌을 받기도 합니다. 왜냐하면 내 바로 눈앞만 지나치게 밝아지는 탓입니다. 그리고 그 유난히 밝은 눈앞만 따라 걷다 보면 주변 전체는 오히려 어두워져서 보이지 않습니다. 본래 그리 어둡지 않은 곳이 랜턴의 빛 때문에 훨씬 어두워지는 것입니다.

'등잔 밑이 어둡다'는 속담은 가까이 있는 것을 도리어 알아보지 못하는 경우에 쓰입니다. 등잔을 들면 등잔 주변만 밝아집니다. 그러나 등잔의 빛이 비추는 영역은 좁고, 등잔의 인위적인 밝음으로 되레 주변이 어두워지기에 '등잔 때문에 오히려 어둡다'라는 말이 나올 수도 있다는 생각이 들기도 합니다. 물론 등잔은 주변을 밝게 비추기 위해서 쓰는 물건입니다. 하지만 등잔을 쓴 결과 내 앞만 밝아지고 주변은 어둡게 만들어버립니다. 이는 등잔의 효용이자 동시에 폐해입니다.

'수행'이란 어떻게 보면 내가 가지고 있는 등잔의 불을 차츰차츰 꺼버리는 행위라고 할 수 있습니다. 내가 등잔을 쥐고 있으면 그 앞만 밝습니다. 사람과 세상을 보는 틀, 해석하는 관점과 이해, 이것들이 등잔처럼 밝게 나타나는 듯하지만, 그 틀과 관점을 가진다면 오히려 지극히 조그마한 영역만 밝아지는 것일 수 있습니다. 주위는 아직 새까맣게 어둡습니다. 그래서 등잔을 들이대야 할 것이지만 그 순간만 그 영역만 좁게 밝아질 것입니다. 등잔의 작은 빛이 사실상 전체를 어둡게 하는 결과를 초래합니다.

결국 우리는 자기가 가진 등잔의 불을 꺼야 합니다. 자신이 의지하고 믿고 따르며 소중히 여기는 어떤 가치와 믿음으로부터 종국에는 벗어나야 합니다. 물론 처음부터 이렇게 할 수는 없을 것입니다. 무언가 의지하고 기대하고 믿을 바가 있어야, 수행이라는 걸 해나갈 수가 있기 때문입니다. 부처의 경전과 조사의 어록들을 토대로 공부를 시작해 나가는 것은 물론 맞습니다. 하지만 그것이 무르익었을 때에는 스스로 자신이 가지고 있던 등잔의 불을 꺼야 합니다. 그것이 지금껏 나를 규정하고 형성하며 지탱해왔지만, 동시에 나를 구속해온 것이기도 하기 때문입니다.

모름지기 사람이란, 내가 쥐고 있는 등잔의 불을 끄는 데 강한 거부감을 느낄 것입니다. 나를 버리는 과정에서 필연적으로 나타나는 반응입니다. 그리고 나를 버림으로써 지탱할 바가 없다는 생각에서 나오는 막연한 공포감이 등잔을 꺼버리는 행위를 어떻게든 막으려고 애를 쓰게 되어있습니다. '백척간두에서 한 걸음 더'라는 말이 있습니다. 수행이 어느 정도 잘 무르익으면, 백척간두 끝에 서서 이렇게 널리 잘 내려다보이고 이렇게 시원한데, 이러한 경지를 왜 벗어나야 하는지 이해를 하지 못합니다. 하지만 그건 백척간두에 서 있을 때나 그런 것입니다. 백척간두 역시 하나의 조건이고, 그럴듯한 상황입니다. 이런 조건 때문에 밝고, 상황 때문에 시원한 것이라면, 그 조건과 상황을 버려야만 한다는 말입니다. 그래서 한 걸음 더 나아가라고 하는 것입니다. 한 걸음 더 나아가 그곳에서 죽으라는 겁니다. 말로서는 죽는다 하지만 실제로서는 그곳에서 살아나게 되어있습니다. 온전히 죽은 곳에서 곧장 온전히 살아나기 때문입니다.

자신이 가지고 지탱해온 등불을 꺼버릴 때 비로소 원래 있던 환한 달빛이 나오게 되어있습니다. 그런데 이 달빛은 내가 가지는 것도 아니고, 내가 어찌할 수 있는 것 또한 아닙니다. 달빛은 본래 이렇게 있었고, 원래 이렇게 밤을 잘 비추고 있음을 그제야 분명하게 인식하게 될 뿐입니다. 이는 내 조그만 등불을 버림으로써 오히려 커다란 달빛 아래서 살게 되는 이치입니다. 그러할 때 내가 달라집니다. 그 전까지의 '나'란 등불을 소유하는 어떤 좁은 몸뚱이고, 한정된 생각이며, 작은 중심이었습니다. 하지만 이 인위적인 등불을 버리고 원래 있던 달빛이 온 천하를 밝게 하게 될 때, '나'라는 존재는 '드러남'이 됩니다. 나는 몸도 아니고, 중심도 아닙니다. 나 역시 이 환한 '드러남'이 되는 것입

자신이 가지고 지탱해온 등불을 꺼버릴 때
비로소 원래 있던 환한 달빛이 나오게 되어있습니다.

니다. 이때에서야 비로소 지극한 평온으로 들어서게 됩니다. 이는 원래 아무런 일도 없는 평온입니다. 몸으로써 나를 삼았을 때에 생기는 집착과, 생각으로 나를 지탱하려는 데에서 나오는 고통과, 나를 중심으로 살려는 아상 때문에 생겨난 번뇌에서 벗어나게 되면서 나오는 지극한 평온입니다.

그러나 여기서 지극한 평온이란 아무 일도 하지 않는 걸 말하는 게 아닙니다. 염불도 하고, 목탁도 치고, 절도 하고, 커피도 마시고, 얘기도 하고, 낮잠도 자고, 글도 쓰고 그 모든 일을 행하는 평온입니다. 이 모든 일을 함에도, 기실 그 어떤 일도 '함(爲)'이라는 자취가 남지 않는 '무위無爲'의 일이 되기에 지극한 평온이라고 말하는 것입니다.

달빛은 새로 얻는 게 아닙니다. 본래부터 환한 전체로서 눈에 보이지 않게 있어 왔던 것입니다. 다만 내가 의지했던, 내가 지키려 했던, 나의 소유물이었던 등불을 꺼버리면, 자연스레 드러나게 되는 빛일 뿐입니다. 석가모니 부처님이 연등불 당시에 수기를 받을 수 있었던 것은 그 어떤 한 법도 얻은 바가 없기 때문입니다. 이를 '말'하여 최상의 깨달음인 '아뇩다라삼먁삼보리'를 얻었다고 합니다. 그 어떤 한 법도 얻은 바가 없을 적에야 비로소 최상의 깨달음을 얻는 것입니다. 이는 구할 수도, 얻을 수도, 깨달을 수도 없는 그런 일체가 온전함으로 돌아가는 일인 것입니다.

눈먼 자여 눈을 떠라

2015년 하안거를 의정부 망월사에서 보낼 때였습니다. 욕실 가는 길에 못 보던 팻말 하나가 서 있었습니다. 팻말에 써진 글귀가 인상적이었습니다.

'아기 소나무가 자라고 있어요. 눈먼 자여 눈을 떠라!'

자세히 살펴보니 작은 소나무 묘목 하나가 바위 아래 보일락 말락 자라고 있었습니다.

글귀를 두고 스님들 사이에서 여러 말이 오갔습니다. 산에서 어린 소나무가 자라는 것은 새삼스런 일이 아닙니다. 하지만 '눈먼 자여 눈을 떠라!'라는 글귀는 제법 여러 말들을 만들어내고 있었습니다. 그 말의 뉘앙스는 마치 '나는 눈을 떴다, 그런데 아직 당신들은 눈을 뜨지 않았다, 그러니 어서 눈을 떠라!'라고 호통치는 것과 다를 바 없었습니다. 어린 소나무는 괜하게 끼어든 구실이었던 겁니다. 이를 두고 한 스님이 말했습니다. "이 스님은 자기가 뭘 좀 안다고 착각하는 게 참 큰 병이야." 저도 당사자 앞에서 일부러 한마디 던졌습니다. "참…, 자아도취가 중증이네."

제 말을 들었는지 팻말의 글귀를 쓴 스님이 제 방으로 조용히 찾아왔습니다. 스님들 사이에 이런저런 말들이 많아지니 제법 염려하는 눈치였습니다.

"그럼 스님 어떻게 하는 게 좋을까요?"

"결자해지結者解之이지 않겠습니까. 일은 스님이 벌이셨으니 스스로 풀어야겠지요."

위기의 상황을 대처하는 방식이야말로 그 사람의 진정한 살림을 엿볼 수 있는 기회입니다. 그래서 저는 그 스님이 어떠한 방식으로 이 상황을 치러낼지 스스로의 선택에 맡겼습니다.

얼마 지나지 않아 팻말에 흰 종이테이프가 덧대어졌습니다. '아기 소나무가 자라고 있어요'는 그대로 두고 '눈먼 자여 눈을 떠라!'라는 글귀만 미흡한 흔적으로 사라진 것이었습니다. 그건 마치 대중들을 향해 한번 멋진 일갈—喝을 하고 싶었으나, 기어들어 가는 목소리로 엉성하게 마무리되는 듯한 모습이었습니다. 그러나 그도 얼마 후, 누군가가 그 팻말을 뽑아버렸습니다. 그러나 그뿐만이 아니었습니다. 어린 소나무 묘목까지도 땅에서 파헤쳐버렸습니다. 어느 스님은 "어린 소나무가 저렇게 사라졌구나!"하고 탄식했습니다. "저 팻말만 없었어도 소나무가 저기서 잘 자라고 있었을 것을…"이라고 말하며 아쉬워하는 스님도 있었습니다. 저는 누가 팻말과 소나무를 뽑아버렸는지 알지 못했으나, 나름 멋진 분이라고 생각했습니다. 고양이 목을 베는 심정의 남전 스님의 후신인지도 모르겠다고 도반들에게 말했습니다.

남전참묘南泉斬猫의 일화는 다음과 같습니다.

동당東堂과 서당西堂의 스님들이 고양이 한 마리를 놓고 시비가 일어났다. 이에 남전 스님이 한 손엔 고양이를, 다른 한 손에 칼을 들고 말했다.

"이르면 베지 않으려니와, 이르지 못하면 베어버리겠다."

대중들로부터 아무런 대꾸가 없자, 남전 스님은 그 자리에서 곧장 고양이 목을 베어버렸다. 저녁이 되어 외출했던 조주 스님이 돌아오자 남전 스님은 낮에 있었던 일을 말하며 조주 스님에게 똑같은 질문을 던졌다. 이에 조주 스님은 아무 말 없이 신발을 벗어 머리 위에 얹고는 방을 나갔다. 이에 남전 스님이 말했다.

"조주가 그 자리에 있었더라면 고양이는 죽지 않았을 것을…."

그럼 다시 처음으로 돌아가 보겠습니다. 사람 다니는 길목에 막 싹을 틔운 아기 소나무를 보았습니다. 과연 이를 어찌해야 좋을까요. 그 스님이 스스로 헛된 자랑을 하고 싶지만 않았어도, 길가에 괜한 팻말을 세울 일도, 그 내용에 대중들의 이런저런 분별 망상의 말들이 튀어나올 일도, 다시 팻말에 흰 종이테이프를 엉성하게 덧댈 일도, 팻말과 소나무가 동시에 뿌리째 뽑혀나갈 일도 없었을 것입니다. 자랑하고 싶은 마음 하나가 일어난 차에, 참으로 여러 마음들이 우후죽순으로 뒤따라 일어났습니다. 이에 고인古人이 "일 있음은 일없음만 같지 못하다"라고 하신 말씀이 떠오릅니다.

그래도 일이라는 것을 벌여야 한다면 과연 어찌해야 할까요. 제가 보기엔 아주 단순하고 소박한 대응이 있을 뿐입니다. 소나무 묘목을 잘 캐서, 산등성이 어디 적당한 곳에 잘 심어주고, 사용한 호미는 잘 씻어서 창고에 되돌려놓고, 손은 비눗물로 한번 잘 씻으면 그만입니다. 이렇게 잘 하면 됩니다. 일이란 대개가 크게 좋은 일도, 그렇다고 나쁜 일도 없습니다. 크게 문제되는 일 또한 없습니다. 하지만 아무 문제없는 상황에 공연히 '나'를 끼어들게 하면서부터, 여러 불편한 일들이 벌어지고, 사람들 사이에서 다툼이 일어나기도 하며, 큰 문제로까지 확대되는 경우도 있습니다. 기실 세상의 많은 일들이 그러하며, 비록 선원이라고 해도 사람 사는 곳은 예외가 없는 법입니다.

좀비와 해바라기

제가 인상적으로 플레이한 '라스트 오브 어스The Last of Us'라는 플레이 스테이션 게임의 주된 이야기를 요약하자면 다음과 같습니다. 원인을 알 수 없는 좀비 바이러스가 퍼지기 시작한 폭동의 순간에 딸 사라를 잃게 된 주인공 조엘은 생존자 격리 구역에서 암시장에 밀수품을 밀반입하고 판매하며 생계를 꾸려나가고 있습니다. 그러던 어느 날, 조엘은 죽어가는 친구로부터 엘리라는 소녀를 지켜 달라는 부탁을 받습니다. 열네 살의 소녀 엘리는 좀비로부터 면역이 되는 유일한 인간이었습니다. 엘리를 파이어플라이라는 비밀 집단으로 데려다 달라는 게 조엘이 친구로부터 받은 부탁이었습니다. 딸을 잃고 난 뒤 황폐한 마음으로 살았던 조엘과 모든 가족을 잃고 그 스스로 험난한 세상에서 혼자 살아나야만 했던 소녀 엘리. 무서운 좀비 무리를 헤쳐 나가고, 약육강식의 원리가 지배하는 여러 인간 집단들과 싸우기도 하며, 조엘과 엘리는 서로의 우정과 연대감을 쌓게 되는 이야기입니다.

　게임 속에서는 여러 형태의 좀비들이 나옵니다. 그중 유난히 눈에 띄던 좀비가 '클리커Clicker'입니다. 평상의 상태에는 '딸각, 딸각'하는 소리를 낸다고 해서 클리커입니다. 생물학적으로 변이 과정을 거쳤는지 어쨌는지 이유는 모르겠지만, 클리커는 얼굴이 없는 좀비입니다. 외형적으로 클리커는 얼굴 부분이 뭉개져서 몇 방향으로 퍼져버렸습니다. 눈 귀 코가 없어서 인간 생존자에 대한 지각 능력은 떨어집니다. 하지만 일단 생존자를 감지하면 그 무엇보다 강력해지는 좀비입니다. 게임을 하면서 저는 클리커를 유심히 보았습니다. 그러면서 드는 생각이 꼭 이랬습니다.

'저 클리커가 과연 꽃하고 다른 게 뭘까…'

클리커가 물론 괴상하고 징그럽게 생기기는 했습니다. 하지만 평상시에 고개를 한쪽으로 떨구고, 딸각이는 소리를 내는 모습은 그저 이를 데 없이 평화로운 모습입니다. 그러다 인간 생명체가 나타나면 그쪽으로 달려들어서 공격합니다. 클리커는 단지 자극에 반응할 뿐이었습니다. 왜 햇빛이 나면 해바라기가 잎을 활짝 펴지 않나요? 그래서 클리커의 얼굴이 꽃처럼 보일 수도 있겠다는 생각을 했던 것 같습니다. 활짝 펼쳐져 있으니까요. 그러나 사람이라는 생명체가 인지되면 그쪽으로 달려들어서 사람을 잡아먹습니다. 끈끈이주걱이라는 식물도 곤충을 가둬서 그 곤충으로부터 양분을 얻습니다. 우리가 약용으로 잘 알고 있는 겨우살이라는 식물도 알고 보면 나무에 기생하는 풀입니다. 스스로 양분을 얻을 수 없으니까 나무줄기나 가지에 붙어서 나무에 올라오는 양분을 뺏어먹고 자라는 풀인 겁니다. 끈끈이주걱이나 겨우살이에는 의지나 욕망이 없습니다. 다만 스스로 살기 위해 상황에 적응한 것이고, 자극에 반응한 것뿐입니다. 이런 끈끈이주걱이나 겨우살이에 대해서 우리는 별다른 공포를 느끼지 못합니다. 그러나 클리커와 같은 좀비들에게는 다릅니다. 클리커나 좀비에게 공포를 느끼는 이유는 그들이 인간을 해치기 때문입니다.

좀비가 되지 않기 위해서, 인간성을 유지하기 위해서, 인간은 좀비와 싸우는 겁니다. 하지만 좀비의 모습을 가만히 보고 있으면, 좀비는 어떤 악랄한 성격을 가진 것도 아니고, 악행을 하는 것도 아닙니다. 단지 자극에 반응할 뿐이었습니다. 물론 그 반응이란 게 자신의 생명을 유지하기 위한 반응입니다. 곧 상대방을 해치는 게 목적은 아니라는 겁니다. 그래서 클리커에게는 어떤 번뇌나 괴로움도 없습니다. 자극에 반응만 하는 어떤 생명체도 우리 인간처럼 스스로 만들어낸 번뇌와 욕망으로 고통 받는 일은 없습니다. 인간만이 유일하게 번뇌와 욕망이라는 원인을 만들고 이에 집착하여 고통이라는 결과를 스스로 받아들이는 존재입니다. 어떻게 보면, 우리가 그토록 징그럽다고 생각하는 클리커보다 못난 존재가 아닌가요?

게임이나 영화에서 죽지 않기 위해, 인간성을 유지하기 위해 좀비를 죽인다지만 사실 그것 또한 아닌 듯합니다. 인간성이라는 것은 훌륭한 방패입니다. 생명이나 인간성을 운운하기 이전에 인간이 좀비와 싸우고 좀비를 죽이는 이유는 지극히 단순한 데 있다고 봅니다.

나를 잃고 싶지 않은 겁니다.

다른 명분, 다른 이유 다 걷어내고, 좀비와 싸우는 가장 근원이 되는 이유는 나를 잃고 싶지 않아서란 게 제 생각입니다. 죽음이 불안하거나 불편하게 느껴지는 것은, 죽음 이후에 대한 무지無知가 큰 몫을 하겠지만, 지금의 몸뚱이를 가지고 살아가는 나를 잃어버리고 싶지 않은 욕망도 무시할 수 없습니다. 좀비와 싸우다 좀비에게 물려서 죽게 되면, 아마도 기존에 알고 있던 나는 사라질 것입니다. 인간은 나를 잃어버리는 그 모든 상황에 공포를 느끼면서 이를 거부하게 되어있습니다. 그런데 그건 꼭 죽음을 통해서만은 아닙니다. 일상에서도 벌어지는 일입니다.

제가 종종 예시로 하는 말입니다. 사람은 거울 속의 나 자신을 제대로 바라보지 못합니다. 거울에 비친 나와 나의 눈을 똑바로 마주보며 '너 도대체 누구니?' 하고 물으면서 나 자신을 또렷이 주시할 수 없다는 것입니다. 왜 그럴까요. 그건 공포에 휩싸이기 때문입니다. 신기한 일 아닌가요. 우리는 나 자신을 너무 당연하게 받아들이고 나 자신이 당연히 있는 것이라고 생각합니다. 당연하게 수십 년간 끌고 다니며 친숙한 몸뚱이라 생각합니다. 그러나 이토록 친숙하고 당연하게 여기는 나이건만, 거울을 매개로 내가 나에게 질문을 던지는 것에 공포를 느끼게 되는 아이러니는 도대체 무엇일까요.

심리 상담을 시작하는 많은 사람들은 나 자신을 알아가고 싶다고 말합니다. 하지만 상담이 진행되면서 점차 나 자신을 알아가는 데에 불편함을 느끼고, 이 상담을 피해 가거나 멈추고 싶어 하는 속내를 들춰낸다고 어떤 심리상담가에게 들은 바가 있습니다. 표면적으로 누구나 나 자신을 알고 싶어 한다고 말하지만, 깊은 속내로 들어갈수록 결코 나 자신을 알고 싶어 하지 않는다는 게 인간의 이면적인 심리입니다. 나를 숨기고 싶어 하고 또 숨겨진 나를 지키고 싶어 합니다. 제가 보기에 사람은 결코 나를 알고 싶어 하지 않습니다. 나를 숨기고 나를 지키고 싶어 합니다. 이게 사람의 본래 모습에 가깝습니다.

사실 좀비가 되는 것이 무서운 일은 아닙니다. 정작 좀비가 되면 감정이나 생각이 사라지게 되지요. 무서움을 느낄 수도 없습니다. 좀비가 두려운 건 인간성을 잃어버리기 때문도 아닙니다. 좀비라는 외부의 적이나 인간성이라는 고결함, 이것들은 다 명분인 것입니다. 사람이란 '나'를 잃어버리는 데에 두려움을 느끼는 것입니다. 단 이 한 가지 근원적인 이유입니다. 그래서 저는 어쩌면 얼토당토않은 이런 생각도 합니다. 나에 대한 집착만 버린다면 저 좀비나 클리커가 되는 것도, 해바라기나 겨우살이가 되는 것처럼 나름 나쁘지 않을 것 같다고 말입니다. 아무리 보아도 저 클리커나 해바라기는 욕망도 없고, 그렇기 때문에 번뇌도 없고 괴로움도 없습니다. 도대체 저들에게 무슨 문제가 있는 것일까요.

문제는 나를 결코 잃고 싶지 않은 '나'한테 있을 뿐입니다. 그러나 나는 무척이나 간교합니다. 그 모든 문제의 이유를 바깥으로 돌려버리는 간교함을 가지고 있습니다. 그 모든 문제의 근원이 바로 내 안에 있는데, 그걸 인정할 수도 없고 또 인정하기도 싫은 나인 것입니다. 그렇기에 문제의 원인을 언제나 그랬듯이, 바깥의 어떤 상황, 어떤 대상에게 던져버리고 나는 뒤에서 뒷짐 지고 앉아 이 상황이나 대상에 대해 분별하고 평가하는 일만 하려 합니다. 거울을 보며 '너 도대체 누구니?'라고 자문할 때처럼 나 자신을 향해 직접적으로 들어오는 질문들에 대해서는 공포라는 방어책도 잘 갖추고 있을 정도로 노련합니다.

정말 나 자신을 알고 싶다면 방법 하나를 알려드리겠습니다. 앞서 말한 대로 거울을 보며 나 자신에게 물으십시오. 너 도대체 누구니, 라고요. 거울 속의 내 눈을 똑바로 쳐다봐야 하고 시선을 돌리지도 마십시오. 그러면 공포가 밀려올 것입니다. 공포를 피하지 마십시오. 공포를 다른 생각으로 대체하려고도 마십시오. 공포에 맞서 싸우지도 마십시오. 공포가 왜 생기나 분석하려 들지도 마십시오.

그 공포 안으로 들어가세요.

알고 하는 것과 모르고 하는 것

지행합일을 순차적인 것으로 이해하자면, 알고 난 뒤에 행하는 것이 뒤따라옵니다. 안 뒤에 행한다는 것이 아마도 가장 일반적인 해석이 될 것입니다. 우리들 삶이란 게 대부분 이러하죠. 그런데 알고 행함 외에 모르고 행함도 있습니다. 스스로 모르지만 이미 그러한 행을 하고 있는 것입니다. 어떤 의미에서 모르고 행함이 알고 행하는 것보다 백천만 배 나을 수도 있습니다. 왜냐하면 모르고 행함은 흔적조차 남기지 않기 때문입니다.

　저와 함께 해인사에서 행자 생활을 하고 또 사미계도 같이 받은 도반스님이 있습니다. 행자 생활을 거의 끝마칠 즈음이 되어서는 사미계를 받아야 하기에, 각자의 은사스님으로부터 법명을 받게 됩니다. 출가해서 이때가 가장 설레는 순간이기도 합니다. 스님으로서 살아가는 데에 새로운 이름을 받아 새 출발하는 시작점이기 때문입니다. 제가 은사스님으로부터 단출한 종이 쪽지에 '원제圓帝'라 쓰인 법명을 받은 때가 그랬습니다. 법명을 받고 난 뒤에 행자들 사이에서는 행자님 법명이 어찌 되느냐고, 어떤 한자를 쓰냐고 물어 보는 게 일반적입니다. 제가 도반스님께 물어 보았습니다. 그러자 법명을 한글로 무어라 얘기를 합니다. 그래서 무슨 한자를 쓰느냐고 물어 보니 '모릅니다'라고 짤막하게 대답합니다. 은사스님께서 한글만 아니라 무슨 한자를 주시지 않았겠냐고 물어 보니 '저 한자 모릅니다'라고 대답합니다. 아무리 그래도 자기 법명 한자는 알아야 되지 않나, 하는 생각에 도반스님의 짤막한 대답들이 그땐 도무지 이해가 되질 않았습니다.

얼마 전 그 도반스님을 십여 년 만에 다시 만나게 되었습니다. 수도암 선원에서 산철에 지내겠다고 해서 제가 방 안내를 했습니다. 도반스님은 그간 어느 절에서 일만 하느라고 구족계도 늦게 받았다고 합니다. 이제는 일하는 걸 좀 멈추고 선원에서 수행을 할 생각이라고 합니다. 그러면서 저에게 어느 선원이 좋겠냐고 물어 봅니다. 스님 딴에 첫 안거는 봉암사에서 나면 좋다는 말을 여러 군데서 들어선지, 봉암사에서 동안거를 날 생각을 하고 있었습니다. 그러면서 스님이 얘기합니다.

"원제 스님, 저는 경전 같은 거 볼 줄 아는 머리가 없습니다. 책도 못 보고, 말도 잘 못합니다. 근데 제가 잘하는 게 있습니다. 저는 일을 잘합니다. 하루에 나무 열 짐도 할 수 있습니다. 저는 청소도 잘합니다. 조금 전에 보니까 목욕탕 좀 지저분하던데 제가 싹 다 청소할 생각입니다. 제가 목욕탕 청소할 때 쓰려고 가지고 다니는 솔이 있는데 그걸로 청소하면 아주 깔끔하게 됩니다."

정말 귀한 스님이라는 생각이 들었습니다. 스님은 앎에 흔적을 남기지 않고, 단지 행으로만 드러날 뿐입니다. 본인이 하는 일은 좋은 일이고 착한 일이라는 생각도 없습니다. 다만 나에게 알맞고 내가 할 수 있는 일이라는 생각에 단지 그 일을 행할 뿐입니다. 도반이지만 동시에 선지식입니다. 선지식은 가까이 모셔야 합니다. 가까이 보고 겪고 하면서 배울 게 많기 때문입니다.

　　가끔 내 주변에는 선지식이 없다고 말씀하시는 분이 계시기도 합니다. 그런 소리 마십시오. 선지식은 이미 도처에 여러 인연으로 넘쳐서 있습니다. 다만 내가 그 선지식을 알아볼 수 있는 안목이 있는가, 그 선지식을 받아들일 준비가 되었는가가 다를 뿐입니다. 내 안목과 준비의 문제이지, 바깥 대상의 유무 여부가 아닌 것입니다.

그 여름, 도반스님과 수도암에서 하안거를 났습니다.

3장

문제인가 상황인가

흐름에 나를 맡기다

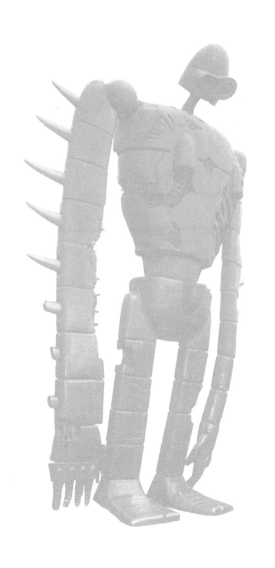

자신감

'무엇이든 와라'라고 생각하기도 합니다.
그런데 그건 무엇이든 상대하고 이겨낼 수 있다는
그런 종류의 자신감이 아닙니다.

아무것도 가질 게 없으니,
무엇이든 잘 보내줄 수 있다는 자신감입니다.

무엇이든 와라. 다 보내주마.
이런 자신감도 있는 것입니다.

침묵

아는 분이 다니던 절에서 마을 사람들과 큰 불화가 있었던가 봅니다. 그 불화가 극도로 달해서 언젠가 마을 사람 한 분이 똥통을 가져와서 불상에 똥을 뿌렸다고 합니다. 이를 두고 현장에서 절 측과 마을 사람들 사이에서 엄청난 다툼이 있었습니다. 절 측에선 어떻게 부처님에게 똥을 퍼부을 수 있느냐며 분개를 했고, 마을 측에선 주지는 물러가라고 거센 시위를 했던 것입니다.

이런 분란의 상황에서 제가 아는 분의 행동이 참 인상적이었습니다. 그분은 수건을 가져와서 불상에 묻은 똥을 묵묵히 닦아 내었습니다. 그 난리통 가운데서 사람들은 그저 이 분의 모습을 지켜볼 뿐이었습니다. 곧 있잖아 모든 다툼은 멈추었습니다. 그리고 사람들은 각자의 자리로 돌아갔습니다. 절 사람들은 청소를 하기 시작했습니다.

감화가 이렇습니다.
자연스럽게 펼쳐지는 것이고, 또한 자연스럽게 스며드는 겁니다.
침묵이 이렇습니다.
말로 혼란스러울 때, 말보다 위대하고 말보다 감동적입니다.

기회

기회라는 단어에 뒤따르는 동사는 '왔다' '갔다' '잡다' '놓치다' 정도일 것입니다.

그런데 제가 보기에 기회는 욕망의 다른 이름이자 모습입니다. 다만 내 기대에 긍정적으로 맞아떨어졌을 경우, 그렇게 기회라 부르는 것이지요. 만일 기대에 반대로 어긋난다면, 역경이나 고난이라고 불렀을 것입니다.

이러한 기회라는 단어에 제가 주로 써왔던 동사는 '흘려보내다'입니다. 모든 것은 흐르고 변하게 되어있습니다. 이 거대한 무상의 흐름에 그렇게 기회라고 부른 '상황'을 흘려보내는 것입니다. 시간이 지나 멀리서 보면, 이 상황 역시도 거대한 흐름이 변화하는 단 한 순간의 찰나일 터입니다.

판단 중지

'판단 중지(epoche)'라는 철학 용어는 대학교 3학년 명상 수업에서 처음 들었습니다. 고대 그리스학자로부터 시작해 근래에는 철학자 후설에 의해 부각되었다고 합니다. 이를 풀이하면 '대상을 판단하지 않고 그 대로 둠' 혹은 '어떤 대상이나 상황을 왜곡해 판단할 수 있는 요소들을 보류하는 것'입니다. 그런데 '판단 중지'라는 말은 들은 그 이후부터 이 단어는 줄곧 제 머릿속에 들어와 있었습니다. 불교에도 판단 중지와 비슷한 멈춤에 대한 기록들이 있습니다. 부처님이 살인자 앙굴리말라에게 말씀하신 '나는 멈추었다, 너도 멈추어라'라는 거부할 수 없는 명령 같은 선언이 그랬고, 대혜 스님의 어록에서 '치구하는 마음을 쉬었다'라는 글귀가 그렇습니다. 멈춤과 그대로 봄이라는 의미를 가진 '판단 중지'라는 말은 지금까지도 제 삶의 중심을 차지하고 있습니다.

저는 종종 주위 분들에게 '판단 중지'를 권유합니다. '내가 모른다고, 혹 내가 이해하지 못한다고 해서, 그것이 틀렸다거나 그런 것은 없다고 하지 마십시오. 단지 내가 모를 뿐입니다. 내가 모르는 것은 내가 모르는 것으로 남겨두면 될 일이지, 상대방이 틀렸다고, 그런 것은 없다고 생각하면 크게 그르칠 수도 있습니다. 이런 실수를 저지르면 공부할 기회를 놓칩니다. 내가 살아날 기회를 저버리는 것입니다'라고요.

대학생 때 읽은 숭산 스님의 책은 도무지 모르는 것들 투성이였습니다. 그 모르는 것 대부분은 옛 스님들의 선어록에서 나온 말들입니다. 논리와 상식으로는 해석될 수 없는 무언가 말도 안 되는 이야기들이 답답하게만 느껴졌습니다. 그런데 저는 제가 모른다고 해서, 이해하지 못한다고 해서 그 내용들을 부정하거나 폄하하지 않았습니다. 선어록의 말들은 단지 제가 모를 뿐이지, 그 안에 무언가가 중요한 게 있다, 이게 도대체 뭘까, 하는 궁금증만 남았습니다. 그러면서 숭산 스님이 거짓말을 할 분은 아닌 듯싶었고, 저 어록의 문답에는 제가 모르는 어떤 뜻이 있으리라 확신했습니다. 숭산 스님은 그 뜻을 분명이 아시고, 그 뜻에 닿아 계셨고, 그렇기에 저리도 편한 모습이라 생각했습니다. 그런데 저는 그 뜻을 모르고 불편하기 짝이 없는 마음으로 하루하루를 살아가고 있었습니다. 그게 뭘까, 도대체 그게 뭘까, 하는 식으로 궁금증은 계속해서 커져만 갔습니다. 머리를 굴려서 논리적으로 따져본다거나, 다른 해석을 본다거나 해도 이 궁금증은 근원적으로 해결될 것 같지 않았습니다. 그래서 출가를 결심했습니다. 수행을 통해서 제 스스로 이 의문을 해결하고자 했습니다.

우리는 보통 내가 모르면 아니라고 부정하거나, 이해하지 못하면 별로 중요하지 않은 것으로 치부하거나 경시하는 경향이 있습니다. 어떤 분들은 불교의 선禪을 대하는 데 다소 이러한 태도를 보이기도 합니다. 본인에게 이해되지 않기에 부정해버리거나 의미를 격하시켜버립니다. 선은 머리로 이해되지 않습니다. 논리로 해결되지 않습니다. 상식을 벗어나는 경우도 많습니다. 그럼에도 이 선이 천 년 넘게 지속되어 온 것은 무얼 뜻하는 것일까요. 단순이 말장난이거나 거짓이었다면 결코 천 년을 이어오지 못했을 것입니다. 천 년 동안 수도 없이 많은 수행자들이 이 선에 목숨을 건 수행을 하지도 않았을 것이고, 기라성 같은 도인들이 도처에서 쏟아지지도 않았을 것입니다.

이 선 공부의 요체는 의심입니다. 이 의심을 지속하는 것이야말로 선 공부의 시작이며 끝입니다. 우리는 살면서 수많은 종류의 의문을 품지만, 그것을 끝까지 이어가지는 않습니다. 의심을 계속 이어가기란 그만큼 힘든 일입니다. 선을 부정하거나 의미를 격하하는 분들의 공통적인 성향을 보면 이 의심에 머무르지 못하는 듯합니다. 그분들에게 중요한 것은 의문이나 의심이 아닌 '답'입니다. 선의 역사에서 그 어떤 법거량(法擧揚, 선에 대해 주고받는 문답)을 보더라도 어떤 논리와 이치로 답을 도출해낼 수가 없습니다. 오직 의문만 생길 뿐입니다. 사실 그렇습니다. 그 모든 법거량은 의심을 위해서 생겨난 하나의 장치이지, 답을 설명하기 위한 것이 아닙니다. 그런데 이 선이라는 게 참 묘합니다. 의심이 이어지고 깊어질수록, 그래서 의심밖에 남지 않아 의심과 하나가 될 때에야 비로소 그 모든 의문이 무너지게 됩니다. 답을 구하는 게 아닙니다. 의문이 사라지는 것입니다. 의문이 사라짐으로써 모든 것이 답으로서 드러나게 됩니다. 이것이 선입니다.

저의 스승이자 은사스님이셨던 법전 스님은 언젠가 '탐진치(욕심, 성냄, 어리석음) 삼독이 진정한 나'라고 하셨습니다. 불교 교리를 잘 알고 이해하며 논리나 판단이 앞서는 분은 도무지 이 말을 받아들이지 못할 것입니다. 탐진치 삼독은 수행을 하는 데 반드시 제거해야 할 요소인데, 그래서 이 삼독이 없어져야만 비로소 깨달음을 얻을 수 있는 것인데, 그 삼독 그대로가 나라고 하니 스님의 말을 의심하고, 또 수행자로서의 스님 자체를 의심할지도 모릅니다. 하지만 저는 스승의 말을 의심치 않았습니다. 단지 제가 모를 뿐이라고 여겼습니다. 그리고 노장님을 믿었습니다. 제가 모르는 그 무언가를 알고 계시다고, 제가 도달하지 못한 어떤 경지에 들어가셨다고 믿었습니다. 그러한 믿음으로 단지 의문을 품고 의심으로 살았습니다. 나중에 알게 된 것이지만, 이러한 견고한 믿음으로 의심이 살아나게 되는 것입니다. 믿지 않으면 의문도 없고, 수행도 없고, 깨달음도 없습니다. 믿음으로써 의심과 수행, 깨달음 그 모두가 함께 살아납니다.

불교를 공부하고 수행을 하는 데는 크게 두 가지 삶이 있습니다. 하나는 답을 구하는 삶이고, 다른 하나는 의심하는 삶입니다. 답을 구하려는 삶은 계속해서 무언가를 찾아 나서고 구한 것들을 축적합니다. 축적한 것에 결코 만족하지 못하여 계속해서 앞으로 나아갑니다. 하지만 의심하는 삶은 축적된 것들을 돌이켜보고, 의심되는 것들을 비위갑니다. 앞으로 나아가는 게 아니라 바로 이 자리를 돌이켜봅니다. 그리하여 두 삶은 다른 결과를 만들어냅니다. 구하는 삶은 여전히 밖을 향해 나서게 되고, 의심하는 삶은 곧장 그 자리에서 멈춰지게 됩니다. 답이란 결코 구하는 것이 아닙니다. 멈춤으로써 드러나는 것입니다. 구함이 멈춤으로써, 그 모든 것들이 답으로 드러나는 것입니다.

'판단 중지'는 수행의 참 좋은 시작점입니다. 멈춤이기 때문입니다.

답이란 구하는 것이 아닙니다.
멈춤으로 드러나는 것입니다.

보내는 연습

고통에서 벗어나 자유로워지고자 함은 인간의 기본적인 욕망입니다. 그러나 사람살이가 워낙 다양하다 보니, 마음의 모습이 여러 모양으로 엉키다 보니, 또 그 마음을 드러내고 싶지 않다 보니, 전혀 다른 방식으로 고통을 대하는 사람도 있습니다. 고통을 벗어날 생각을 하는 게 아니라, 오히려 고통을 소중하게 끌어안는 경우입니다. 자신을 힘겹게 하는 고통이나 쓰린 기억에서 벗어나고 싶지만, 다른 한편으로는 그 고통을 버리지 못하고 집착하는 경우도 있습니다. 그리고 영리한 사람인 경우, 자신의 이 고통마저도 나를 지키기 위해 써먹습니다.

가족에게서 상처를 받고 힘들어하는 분을 만난 일이 있습니다. 정도의 차이는 있지만, 가장 친근해야 할 가족에게서 상처를 받는 사람들이 꽤 많습니다. 특히 어린 시절 부모에게서 학대받은 이들의 상처와 고통은 그 뿌리가 아주 깊습니다. 그는 폭력적인 아버지 밑에서 자랐습니다. 그에게 기억되는 아버지의 모습은 어머니를 죽이겠다고 칼을 빼들고 분노한 모습입니다. 집안이 화목했을 리가 없습니다. 칼을 든 아버지의 모습을 보면서 성장기를 보낸 그는 어른이 된 뒤에도 끔찍한 기억에서 벗어나지 못했습니다. 이제 마흔 살이 되었으니 그만 집에서 독립하라고 권했지만, 선뜻 그러질 못합니다. 그런 그가 찾은 대안은 여행이었습니다. 어느 정도 돈이 모이면 외국으로 떠나곤 했습니다. 그리고 자유를 느꼈습니다. 그러나 돈이 다 떨어지면 다시 집으로 들어왔습니다. 다시 구속으로 들어갔습니다.

처음에는 그의 심정을 동조하고 그 상황을 안타까워했습니다. 하지만 무언가 이상했습니다. 이미 그의 처지를 충분히 공감했음에도 불구하고, 그는 계속해서 자신을 불행하게 만든 가족에 대한 원망을 반복해서 말했습니다. 왜 나는 이렇게밖에 살 수 없는가, 왜 나는 대인관계에 어려움을 느끼게 되는가, 왜 나는 사회성이 결여될 수밖에 없는가 등, 자신이 가진 모든 문제에 대한 원인을 불우한 가정환경 탓으로 돌리는 결론을 반복했습니다. 그는 만날 때마다 똑같은 고통, 똑같은 상처를 털어놓았습니다. 도대체 왜 그는 상처를 드러내는 일을 반복할까. 계속 듣다 보니 이런 확신이 들었습니다.

'이 사람… 자신의 상처를 이용하고 있구나!'

불우한 과거를 스스로 털어놓고 반복하는 것은 나를 좀 알아 달라고, 지금 나의 이러한 상황을 좀 이해해 달라는 뜻입니다. 하지만 중요한 건 그 이면이었습니다. 내가 좀 부족하고, 잘못된 행동을 하더라도 나에게 이런 불우한 과거가 있었기 때문이니, 듣는 당신은 나를 너그럽게 이해해야 한다는 태도가 알게 모르게 깔려 있었습니다. 저는 그의 상처만 듣지 않았습니다. 그의 마음 저변에 있는 엄청난 집착이 보였습니다. '이 과거의 상처와 고통이 분명한 만큼, 비록 내가 잘못된 생각과 행동을 하더라도, 당신이 이해해야 하는 것이지, 내가 변해야 하는 것은 아니다'라는 자신에 대한 엄청난 집착이었습니다. 에고ego란 이런 것입니다. 자신의 상처마저도 이용해먹을 정도로 정말로 교묘합니다.

문제는 그 고통을 너무나 오랫동안 가까이했다는 것입니다. 고통을 벗어나려고 한 게 아니라, 고통을 보내려 하지 않았습니다. 반복해서 과거의 고통을 드러냄은 습관이 되고, 이 습관이 반복됨에 집착으로 변모했습니다. 왜 아직까지 20년도 더 지난 아버지의 모습을 마음속에 담아두고 있냐고, 아버지가 칼 들고 집 안에서 고래고래 소리를 지른 것은 사실 20년 전 일이지 않느냐고, 지금 아버지는 어떤 모습이냐고, 물었습니다. 지금의 아버지는 웬 힘없는 노인이 그냥 하루하루 살아가는 모습일 뿐이라고 했습니다. 혈기 넘쳤던 아버지의 과거를 알기에 되레 불쌍해 보이기도 한다고까지 했습니다. 그래서 제가 물었습니다. "20년 동안 아버지는 그렇게 변했는데, 왜 당신은 20년 전 기억에서 조금도 변하려 하지 않나요? 그게 무슨 소중한 기억이라고 20년 동안 아픈 기억을 마음속에 끌어안고 사는 건가요?" 그러고는 단호하게 말했습니다. "이제 '그 상처를 써먹는 짓'은 그만두세요."

우리는 왜 고통스런 기억을 놓지 못할까요. 어떤 면에서 그 고통은 자신이 이처럼 살아갈 수밖에 없는 정황에 대한 비난을 대신 받아주기 때문입니다. 또 그렇게 반복되어 살아온 '나'라는 존재로부터 뗄 수 없는 기반이 되어버렸기 때문입니다. 내가 이렇게 힘든 것은 다 과거의 고통 때문이라고, 쉽게 책임을 전가해버릴 명분이 되기 때문입니다. 이것이 바로 나라는 에고가 '고통을 써먹는 짓'입니다. 그 고통은 분명하고 변하지 않는 것이기에, 나 또한 변하지 않을 명분을 고통으로 돌리고, 지금의 나를 고집스럽게 보호하는 데 써먹는 짓입니다. '당신이 내 고통을 알아요? 그러니까 고통 받아온 지금 내 모습을 그대로 이해해 줘야 해요'라고 항변하면서 말입니다.

　시간은 흐르고 상황은 변하고, 아버지는 그저 힘 빠진 늙은 남자로 변했습니다. 그러나 나는 여전히 20년 전 고통에서 해방되지 않겠다며, 다 아버지 때문이라며, 내가 변하지 않을 이유를 견고하게 붙들고 있는 것입니다. 고통을 붙잡는 것은 그 고통이 현재 나의 상황에 대한 그 모든 책임을 전가할 수 있는 대상이 되기 때문입니다. 그런데 그것이 비록 고통이라 하더라도, 현재의 나를 지탱하는 근거로서 자리매김했다면, 그 고통은 나의 삶과 분리될 수 없는 소중한 것이 되어버리고 맙니다. 다 큰 어른이 어릴 적 가지고 놀던 인형을 여전히 소중하게 끌어안듯, 나는 그 고통과 헤어질 수 없다며 소중히 감싸고 있는 듯한 모습입니다.

　찾아오는 분들과 이야기를 나누면서, 제가 가장 많이 쓰는 단어 중 하나는 '무상無常'입니다. '항상한 것은 없다, 모든 것은 변한다'는 뜻입니다. 참 쉽고도 간명하고 정확한 말입니다. 그런데 이해하기 쉽다고 해서, 우리 삶을 이처럼 무상으로 대하기는 쉬운 게 아닙니다. 나란 무언가를 계속 붙들려고 하는 습성이 있기 때문입니다. 단지 머리로 이해할 게 아니라, 무상이 나의 삶으로 온전히 녹아들지 않는다면, 무상은 물론 부처님의 사성제도, 팔정도도, 열반도, 해탈도 그저 '좋은 말'일 뿐입니다. 아무리 보고 듣고 배워도 나의 삶과 분리되면 쓸모가 없는 말일 뿐인 것입니다. 무상은 바로 내가 '그렇게 될 때'라야 가치가 있습니다. 진리는 보고 듣고 배우는 게 목적이 아닙니다. 진리는 '되는' 것입니다. 수박은 먹는 것이고, 진리는 되는 것입니다.

모든 것은 변합니다. 나도 변하고 상대도 변하고 관계도 변합니다. 시간은 흐르고 시대 또한 서서히 바뀝니다. 변하지 않는 것은 없습니다. 그러나 사람에게는 '아상我相', 즉 '나에 대한 고집'이 견고하게 자리 잡고 있습니다. 그리하여 나에게 선택된 '어떤 것'은 변화시키지 않겠다는 자기도 모르는 고집이 무의식 깊은 곳에 숨겨져 있습니다. 과거의 기억이 아주 고통스럽다고 해도 그것은 이미 오래전에 일어난, 지금은 없는 일입니다. 그렇기에 방하착放下着, 그냥 보내주어야 합니다.

고통은 내 것도 아니고 아버지 것도 아닙니다. 계속 부여잡고 있어 봤자 누구에게도 좋을 것 없는 기억이고 고통입니다. 그렇기에 우리는 보내는 연습을 해야 합니다. 잘 안 되더라도, 천천히 조금씩 잘 보내는 연습을 해야 합니다. 거듭거듭 해야 합니다. 연습하고 연습해서 나름 익어 가면 점차 수월해질 때가 오기도 할 것이고, 그 시간이 오래되어 보내는 모든 노력과 수행이 익숙해지면, 어느 순간 내가 그리도 붙들려 했던 기억이나 고통도 어떤 자취도 없는 무상한 것임을 알게 될 것입니다. 그리하여 이런 무상을 철저하게 깨달을 때엔, 본래 있던 자유가 곧장 눈앞으로 찾아들 것입니다. 그 자유의 속성이 바로 무상입니다. 변하는 것이 곧 자유입니다. 무엇에도 기댈 바 없이 인연에 따라 자유롭게 변화함은 자유의 본래 모습입니다.

왜 문제를 극복하려고만 하는가

청년들의 인생 멘토로 알려진 김난도 선생님은 이런 질문을 가장 많이 받는다고 합니다. "선생님은 시련을 어떻게 극복하셨습니까." 어려움에 처해 있는 질문자의 마음이 느껴지기에 선생님은 가능한 한 답변을 피하려고 한답니다. 하지만 어쩔 수 없이 답해야 하는 상황이 생기는데, 이때 선생님은 이렇게 말한다고 합니다.

"제 경우에 극복하지 못했습니다. …그냥 지나갈 때까지 견디는 거지요."

10년 전 사미계를 받고 수도암에 머무를 때였습니다. 그때 사중에 이제 막 출가하여 행자 생활을 시작한 분이 있었습니다. 절집의 기본 예법과 염불을 그 행자님에게 가르쳐 주라는 주지스님의 요청에 따라 하루에 한 시간은 행자님과 같이 있었습니다. 두어 달이 지날 즈음 행자님은 저에게 고민 상담을 해왔습니다. 행자 일은 할 만한데 사람 사이의 관계 때문에 너무 힘들다고, 그래서 내일 절에서 나갈 생각이라고 말했습니다. 저는 가타부타 말하지 않았습니다. 저 또한 절집의 가풍에 따라, 가는 사람을 붙잡지는 않습니다. 대신 딱 하나의 조건을 걸었습니다. 더도 말고 덜도 말고 딱 보름만 기다려 보라는 것이었습니다. 지금 행자님의 생각이 잘못된 건 아니지만 우선 딱 보름만 견뎌 보라고, 보름 뒤에도 여전히 같은 생각이면 그때 짐을 싸라고 말했습니다.

보름 뒤 선택에는 간섭하지 않겠다고 약속했습니다.

보름이 지나 행자님에게 물었습니다. 힘들어했던 관계는 좀 어떠냐고, 절에서 나갈 생각은 여전하냐고 말입니다. 그러나 행자님 표정은 보름 전과는 사뭇 달랐습니다. 들어 보니, 저에게 속내를 털어놓고 난 뒤 골치 아팠던 그 관계 문제가 슬슬 대수롭지 않게 느껴지는가 싶더니, 지금은 생활하는 데 큰 지장이 없을 정도라고 했습니다. 대답을 듣곤 저는 더이상 묻지 않았습니다.

저는 다른 사람 사이의 문제에 웬만하면 개입하지 않습니다. 당사자들이 풀어야 할 문제이기 때문입니다. 아무리 스님이라 해도 연세 지긋한 분들에게 나이 어린 제가 이래라 저래라 조언하는 것도 모양새가 맞지 않습니다. 특히나 인간관계에 대한 문제는 미묘해서 어떤 말이든 조심스럽습니다. 혹 행자님이 고민을 털어놓았을 때 사중 사람들에게 무어라 질책하거나, 행자님을 잘 대해 주라는 식으로 양해를 구할 수도 있지만, 그러한 관여가 반드시 옳은 것만도 아닙니다.

다만 제가 일러 줄 수 있는 것은 딱 하나입니다. 무상無常, 즉 '모든 것은 변한다'는 것을 삶으로 경험으로 상기시켜 주는 것입니다. 보름 전 행자님은 '관계의 어려움'을 문제라고 인식했고 앞으로도 그 어려움이 계속되리라고 판단했습니다. 그래서 절을 나갈 생각까지 한 것입니다. 하지만 시간은 흐르고 상황은 변하고 문제도 변하고 그 문제를 대하는 나의 마음도 변합니다. 모든 것은 변합니다. 변하지 않는 것은 없습니다. 그래서 보름의 기한을 제시한 것입니다. 보름이 지나서도 만일 문제가 그대로라면, 그때 짐을 싸서 떠나도 좋다고 말입니다.

세상의 많은 문제는 그 문제가 '변하지 않을 것'이라는 생각에서
비롯합니다. 이를테면 보름 후에 어떻게 될지 모를 일을 두고 보름 뒤
에도 이러할 것이다, 라는 추측에서 문제가 발생하는 것입니다. 그러
나 보름 뒤 일은 보름 뒤의 일입니다. 그 누구도 보름 뒤에 무슨 일이
일어날지 모릅니다. 지금 나를 고통스럽게 하는 문제가 보름 뒤에도
똑같은 문제로 남아있을지 아무도 모릅니다. 보름 뒤에도 여전히 상황
은 달라지지 않더라도, 이를 대하는 나의 마음이 변해서 문제가 문제
아닌 것으로 변할 수도 있습니다. 인간관계도 마찬가지입니다. 어떻게
변할지 그 누구도 모릅니다. 다만 기다려 보면 될 뿐입니다. 기다리면
변합니다. 변하지 않는 것은 아무것도 없습니다. 그래서 기다려 보는
것입니다. 제가 행자님께 해준 것은 단지 보름의 시간 여유를 갖게 한
것입니다. 행자님을 고통스럽게 하는 관계의 문제가 영원할 것이라는
생각에서 벗어나는 데에, 어쩌면 그 보름이 필요할지도 모른다는 생각
뿐이었습니다.

아직 일어나지 않은 일을, 미래의 일을 미리 당겨서 고민하지 마
십시오. 그게 문제가 될지 안 될지, 올 지 안 올지, 변할지 안 변할지 저
도 당신도 그 누구도 알지 못합니다. 만일 그때가 되어서 문제로 인식
되면 상황에 맞춰 그때그때 잘 대응해 나가면 됩니다. 설혹 문제가 된
다고 해도, 그 문제를 이겨낸다거나, 극복하거나, 없애려거나 하지 마
십시오. 그 문제 또한 변하기 때문입니다. 문제라고 해서 무상이라는
진리를 벗어나지 못하는 것입니다. 시간이 흐르는 것이고, 관계는 변
화하는 것이고 나의 마음도 변합니다.

그런 점에서 김난도 선생님의 답은 현명합니다. 우리가 할 수 있는 최선은 문제 극복이 아니라 상황이 변하기를 기다리고 시간을 견뎌내는 데 있습니다. 그렇게 견디면서 시간이 흐르면 문제도 달라지고, 내가 느끼는 부담감도 달라집니다. 지나고 보면 별 문제 아니었는데 왜 그리 심각했었나, 싶은 경험이 우리 인생에는 몇 번 쯤 있지 않던가요. 끊임없이 변화하는 문제를 고정시킬 때 '본래 없던 실체'가 생깁니다. 그 실체는 누가 만든 게 아닙니다. 내가 만든 것입니다. 문제에 맞서 싸우려고 하지 마십시오. 그저 눈앞에 슬쩍 던져놓고, 적당한 거리를 유지한 채 '그래, 니 어찌 변하나 한번 보자'는 마음으로 일상 생활하면서 생각날 때마다 틈틈이 살펴보면 됩니다. 그냥 변하는 걸 바라보는 것. 이를 달리 말해 '견딘다'고 합니다.

문제는 없습니다. 다만 상황이 있을 뿐입니다. 문제는 해결하는 것이지만 상황은 단지 대응하면 그뿐입니다. 우리의 삶에 수많은 문제들이 일어나지만 고정된, 영원한 문제는 없습니다. 다만 끊임없이 변화하는 상황만이 있을 뿐입니다. 실제 우리가 삶에서 할 수 있는 일은 그 상황에 대응하는 것뿐입니다. 상황은 그때 가서 파악하는 것이고, 그때 가서 대응하는 것입니다. 그때 가서 해도 늦지 않습니다. 아니, 그때 가서 하는 것입니다. 문제든 상황이든, 결론은 잘 견뎌내고 잘 대응하는 것입니다.

영화 〈황산벌〉에 이런 명대사가 나오더군요.

'강한 자가 살아남는 게 아니다. 살아남은 자가 강한 것이다.'

새야, 새야

언젠가 약광전에 사시마지(오전 9~11시 사이에 불전에 올리는 공양)를 올리려 법당에 들어갔는데 가사에 새똥이 묻어 있었습니다. 가사가 걸린 횃대에 새가 앉아 있다 똥을 싼 모양이었습니다. 물티슈로 새똥을 닦고 난 뒤 마저 마지를 올렸습니다. 이튿날 사시마지를 올리려고 다시 약광전으로 갔습니다. 다기에 청숫물을 붓는데 어디에선가 '푸드덕' 소리가 들렸습니다. 전각 안에서 나는 소리였습니다. 올려다보니 약광전 기둥에 새 한 마리가 앉아서 저를 지켜보고 있었습니다. 저는 새가 밖으로 나갈 수 있게끔 문 한쪽을 열었습니다.

팔짝팔짝 뛰어 손을 휘저어가며 새를 내보내려 했지만, 새는 이 기둥에서 저 기둥으로, 저쪽 끝에서 이쪽 끝으로 옮겨만 다닐 뿐, 나가질 않았습니다. 반대쪽 문을 하나 더 열었습니다. 마찬가지로 이리저리 새를 좇아 뛰어다니며 밖으로 내보내려 했지만 소용없었습니다.

"새야, 이런 작은 집에 머무르지 말고 큰 집으로 가자. 저 바깥에 허공이라는 제일 큰 집이 있다. 그리로 가자꾸나."

몇 번을 더 시도했지만 새는 나가지 않았습니다. 가사를 입으면서 어제 가사에 묻은 새똥도 이 새의 것이었을지도 모른다는 생각이 들었습니다. 그렇다면 하루 동안 약광전 안에 갇혀 있었나? 새는 기둥에 앉아 마지를 올리는 저를 내려다보았습니다. 3월의 수도암에 눈이 내렸습니다. 제법 공기가 쌀쌀했지만, 새가 나갈 수 있도록 문을 열어 놓은 채 사시 예불을 올렸습니다.

법당 안에는 온화한 미소를 띠고 계신 부처님도 있고, 그윽한 향 내음도 있고, 색색으로 화려한 단청도 있습니다. 하지만 제아무리 좋은 법당이라도 문과 벽이라는 경계가 있는 '안'입니다. 이 안에서 문과 벽을 넘어서면 곧장 바깥입니다. 법당에는 분명한 안팎이 있습니다. 그러나 법당이라는 작은 집을 벗어나 허공이라는 큰 집으로 나아가면 달라집니다. 허공에는 안팎이 없습니다. 오직 '눈앞' 뿐입니다. 눈앞에 이른 봄의 찬바람도 있고, 허공에 흩날리는 하얀 눈도 있고, 잠시 앉아 쉬어갈 수 있는 나뭇가지들도 있고, 깊은 산골짜기 그윽한 곳에 수도암이 있고, 선원 다각실에서 버린 곰팡이 핀 빵부스러기도 있고, 수도암 대적광전 옆에 약광전도 있고, 약광전에서 마지를 올리는 원제가 또록또록하며 울리는 목탁 소리도 있습니다.

새에게 말했습니다. '네가 부처님 계신 법당 안이 좋은가 보구나. 그런데 여기에 갇혀 살래? 아니면 저 허공으로 나아가 살아갈래? 두렵더라도, 힘들더라도 나가야 한다. 여기는 너의 집이 아니다. 허공이 본래 너의 집이다. 그 큰 집에서 그 어떤 곳이라도 자유로이 날아갈 수 있는 너인데, 고작 이 작은 법당 구석에서 푸덕이며 살아갈래? 너의 멋진 날개를 고작 폼으로 써야만 하겠느냐? 가자, 가자, 어서 가자꾸나. 이 벽 넘어서 저 허공으로 어서 나가자꾸나.'

천수경이 끝나갈 즈음 법당 안을 살펴보니, 새가 보이지 않았습니다. 문을 닫고 마저 예불을 올렸습니다.

중고나라 김군

중고물품 거래 사이트를 이용한 적이 있습니다. 김씨 성을 가진 학생에게서 필요한 물건을 사기로 했는데, 김군은 보내기로 한 날을 차일피일 미루고 이런저런 변명만 이어갔습니다. 사기꾼 확인 사이트에 검색해 보니, 이미 명단에 김군의 이름이 올라와 있었습니다. 제가 보낸 금액은 15만 원이었습니다. 크다면 큰돈이고, 없다고 생각하면 그냥 넘어갈 수도 있는 돈이었습니다. 이 친구를 사기꾼으로 지목하고 경찰에 고소장을 제출해서 법적 조치를 취할 수도 있었습니다. 하지만 저는 실제로 그럴 생각이 없었습니다. 하지만 김군에게 좀 겁을 주려고, 그와 통화할 당시에 '고소'라는 단어를 언급했습니다. 그러자 김군은 대번 말을 바꾸어 바로 물건을 보내주겠다고 했습니다. 그 뒤 김군은 곧장 택배를 보내고 송장 사진까지 찍어서 보내주었습니다. '고소'라는 말이 무섭긴 했나 봅니다.

택배가 도착했습니다. 그런데 이상했습니다. 무게가 상당히 가벼웠습니다. 상자를 열어 보니 인형 하나가 덩그마니 들어있었습니다. 인형을 본 순간 푸하하!!! 웃음이 터져버렸습니다. 통화할 때 말하길, 주중에는 지방의 한 대학교에서 공부를 하고 주말에는 서울의 집에 돌아온다고 합니다. 송장을 보니 서울 집주소를 진짜로 적은 듯했습니다. 순간 '이 친구는 머리가 안 좋구나. 사기를 치려면 머리라도 좋아야 하는데…'라는 생각이 들었습니다.

대학교 1학년은 아직 어리고 미성숙할 때입니다. 그 나이 땐 이런저런 실수를 저지르면서 남에게 피해도 주고 상처를 줄 때도 있습니다. 스무 살은 그런 나이이기도 합니다. 남에게 피해와 상처를 주지 않으면 좋으련만, 모든 사람이 처음부터 성숙할 수는 없는 것입니다. 그렇게 20대 초반에 다소 어긋난 경험을 적당하게 해보는 것도 어떻게 보면 앞으로 살아가는 데 쓴 약이 됩니다.

저는 김군의 계좌로 2만 원을 더 넣어 주고 문자를 보냈습니다. '김군, 자네는 아직 잘 모를 것이네. 지금은 잠시 동안 자네가 득을 보는 것 같아도, 결국에는 자네 스스로 상처를 감당해야 할 날이 오게 될 것이네. 다만 스스로를 너무 해치지 않을 정도까지만 적당히 가면 좋겠네'라고 말입니다. '그래도 날이 추우니 친구와 설렁탕이라도 사먹으라고 2만 원 더 보내네. 겨우내 건강하시게.' 이 문자가 마지막이었습니다.

동안거 때라서 여건도 안 되지만, 집 주소를 알고 있으니 나중에라도 김군을 찾아가 만날 수도 있었습니다. 그러나 타인의 인생에 너무 깊게 관여하지 않는 게 저의 신조이기도 했고, 김군의 삶에 가장 큰 관여를 할 수 있는 건 제가 아닌, 부모님을 비롯한 주변 사람들입니다. 무엇보다 스스로의 인생을 책임지며 살아가는 건 김군 자신입니다. 제가 김군에게 해줄 수 있는 건, 인생 선배로서 짤막한 조언과 뜨거운 설렁탕 두 그릇 정도의 선의일 뿐이었습니다.

사기를 당한 저에게 과연 문제라는 게 생겼던 것일까요? 그리고 이것이 문제라고 한다면, 저는 이 문제를 해결해야만 했을까요? 그리고 해결이라면 경찰에 신고를 하고 김군에게 욕을 퍼붓거나 아니면 끝까지 추적하여 돈을 되돌려 받는 방식이어야 할까요?

경관에게 잡혀온 장발장에게 왜 촛대까지 가져가지 않았냐고 되묻는 신부가 소설에 등장하기도 하지만, 제 가까이엔 돈 없이 술을 퍼마신 스님을 대신해 아무 말 없이 술값까지 내주고 절에 데려와 잘 재워 주며 아침밥까지 챙겨 준 어른 스님도 계십니다. 저는 신부님이나 어른스님 모두 그러한 상황에 잘 대응하신 분들이라 믿고 있습니다.

많은 사람들이 사기라고 부르는 제가 처한 경우도 문제가 아닌, 하나의 상황으로 보였습니다. 문제는 해결해야만 하는 것이지만 상황은 대응하는 것입니다. 어찌 보면 우리가 접하는 그 모든 순간들이 삶의 한 모습이고 상황입니다. 상황은 흘러가는 것이고, 그 상황에 우리가 할 수 있는 것은 알맞게 대응하는 것이라고 믿고 있습니다. 바람이 더우면 옷을 덜 입고, 추우면 따뜻한 옷을 더 껴입으면 됩니다. 바람에 맞서 싸울 이유는 없습니다. 대응이란 상황에 맞서 싸우는 것이 아니라, 상황을 잘 받아들이곤 다른 상황으로 변모시키며 잘 흘려보내는 것입니다. 그렇게 잘 흘려보내다 보면, 그리 오래오래 하다 보면, 어느 순간 우리의 존재 역시 바람을 닮았다는 것을 문득 깨우치게 될 날이 올 것입니다.

왜 《숫타니파타》에도 나오지 않나요. '그물에 걸리지 않는 바람처럼'이라고요. 바람으로 살지 아니면 그물로 살지, 그 선택은 애초부터 우리에게 주어져 있었습니다.

문제는 없습니다.
다만 상황이 있을 뿐입니다.
문제는 해결하는 것이지만
상황은 단지 대응하면 그뿐입니다.

법륜 스님은 낚시꾼

세계 일주 때 법륜 스님의 '즉문즉설'을 들으면서 돌아다녔습니다. 6백여 개의 법문을 다운 받아 준비해갔는데, 그 가운데 약 4백여 개를 들었습니다. 스님의 법문을 들으며 놀랐던 것은 단순히 상황이나 문제, 관계 등을 바라보는 시선이 보통 사람들과 달랐기 때문만은 아니었습니다. 그보다는 여러 사람들로부터 나오게 되는 온갖 인생 고민에 대한 스님의 '처방'이 법法의 원리에 정확히 맞아떨어졌기 때문입니다. 비록 표현이 일상적이고 친숙해서 가볍게 들릴 수도 있지만, 그러한 관점과 견해가 나타나는 방식으로서의 법에 대한 탄탄한 기반이 느껴졌습니다. 그렇기에 스님의 법문이 그토록 명쾌하고 견고한 가르침으로 들려오는 것입니다.

하나 더 놀란 것은 스님이 사람에 따라 살殺과 활活을 제대로 구분하며 쓰실 줄 아신다는 것이었습니다. 자기 고집 때문에 잘못된 방향으로 과도하게 나아간 사람에게는 호통을 칩니다. 반대로 본인의 잘못으로 잔뜩 움츠러든 사람에게는 위무와 격려의 말을 건네줍니다. 사실 누군가를 호통치거나 격려할 것을 정확하게 구분하는 것에는 상황과 사람을 정확하게 꿰뚫어 보는 안목과 직관이 필수적입니다. 이 안목과 직관을 통해서 스님의 대단한 인생 내공을 느끼고는 수없이 감탄했습니다.

그런데 법륜 스님의 즉문즉설을 영상과 책으로 접하거나, 혹은 직접 법륜 스님의 즉문즉설에 참여를 해서 답변을 얻은 이들 모두 스님의 답을 들었던 당시와 그 이후가 다르다는 느낌을 받을 것입니다. 즉문즉설을 들을 당시에는 스님의 법문이 명쾌하게 와 닿고 이해가 갔음에도, 막상 집으로 돌아와 스님의 말씀을 되새김질하려 보면, 뭔가 애매하고 이해가 가지 않는 점들이 생겨난다는 점입니다. 스님 법문을 들을 땐 '아! 그렇지!' 하며 감탄하며 명확한 듯 느껴지지만, 나중에 일상으로 돌아와 비슷한 상황을 접하게 되면 다시 자신의 습성대로 돌아온 모습을 확인하게 됩니다. '분명히 이게 아니었는데' 하는 의구심이 들 것입니다. 정확한 통계가 있는 건 아니겠지만, 추측컨대 즉문즉설을 들은 사람 중 열에 아홉은 비슷한 경험을 하지 않을까 합니다. 법문 들을 땐 명쾌하게 이해가 되었는데, 다시 내 삶으로 돌아오니 뭔가 다시 흐릿해지고 원점으로 돌아온 느낌 말입니다. 도대체 왜 그런 것일까요.

그건 모래밭 때문입니다. 밭에서 작물을 수확하려면 준비가 필요합니다. 우선 밭의 토질이 괜찮은가를 살펴야 하고, 땅을 뒤엎어서 숨통도 터놓아야 합니다. 부족한 거름도 뿌리고 고랑도 만들어야 합니다. 그 다음에 필요에 따라 이랑에 비닐을 덮기도 하고, 적당한 깊이에 씨를 심어야 합니다. 요즘엔 관개 시설이 좋아져 밭까지 물을 끌어와 곧장 물을 줄 수도 있지만, 본래는 이 과정을 마친 다음에는 비를 기다리게 되어있습니다. 비가 언제 올지 모르지만 그 모든 준비를 다 마쳐놓고 비를 기다리는 게 순리입니다.

밭농사로 볼 때 법륜 스님의 말씀은 비와 같습니다. 여러 지혜의 말씀으로 사람들을 교화하면서 덕화德化하기에 법우法雨입니다. 이 비가 오고 나서야 싹이 제대로 트고 작물을 수확할 수 있습니다. 그런데 즉문즉설을 들은 사람마다 법륜 스님의 법문을 공감하는 경우도 있겠고, 혹 이해하지 못하는 경우도 있을 것입니다. 그 모든 곳에, 그 모든 사람에게 사실상 똑같은 법우가 내렸건만 그것을 받아들이는 정도가 다른 것은, 듣는 사람들이 가꾼 마음밭이 제각기 다르기 때문입니다. 밭갈이를 열심히 하고 마음의 농사를 지을 준비를 잘 해놓은 사람은 법우가 지나간 후 나름의 깨달음을 그 열매로 수확할 것입니다. 하지만 마음 농사 준비를 제대로 해놓지 않은 경우는 비가 올 당시에는 시원함과 촉촉함을 느낄 수 있을지언정, 자신이 만들어놓은 밭이 모래밭이기에, 얼마 지나지 않아 그 청량함과 습도를 잃어버리고 다시 원점으로 돌아가게 되어있습니다. 가르침은 그 모든 사람에게 똑같이 내리지만, 마음밭의 준비된 상태에 따라서 수확 여부는 제각기 다른 것입니다.

이 사실을 법륜 스님은 누구보다도 잘 알고 계실 것입니다. 그런데 법문을 들은 사람 중 열에 아홉은 다시 원점으로 돌아간다고 추측했지만, 그렇다면 단 10퍼센트 미만의 사람에게만 법문의 효과가 있는 것일까요. 아닙니다. 이런 퍼센티지가 중요한 게 아닙니다. 사실 법륜 스님은 낚시질을 하고 계신 겁니다.

법문을 듣는 사람들의 마음밭이 제각기 다르기도 하겠지만, 제대로 싹을 틔울 준비를 마쳐놓은 사람은 극히 적을 것입니다. 대부분의 준비가 덜된 사람들은 법륜 스님의 법문에 시원함과 명쾌함을 느끼다 가도 다시 본인 삶의 자리로 돌아가서는 갈증과 의문에 사로잡히게 되어있습니다. 그런데 단 한 번이라도 시원함을 맛본 경우에는, 그땐 왜 시원했으며 지금은 목이 마른가에 대한 성찰을 스스로 하게 되어있습니다. 그러면서 그 시원함과 갈증의 간극을 메워 주는 통로를 찾게 됩니다. 그것이 바로 수행입니다.

법륜 스님의 법우는 준비된 사람에게는 깨달음의 싹을 틔우게 하지만, 비록 준비되지 않은 사람이라 하더라도 이런 수행의 과정에 들어서게끔 하는 동인을 만들어 주는 것입니다. 그렇기에 법륜 스님은 낚시꾼입니다. 낚시꾼은 단지 미끼 달린 낚싯줄을 생사가 흐르는 강가에 던질 뿐입니다. 미끼를 고기가 물지 안 물지는 낚시꾼도 모릅니다. 그저 낚싯줄을 던질 뿐입니다. 만일 물고기가 미끼를 물어서 잡히면 스님은 그 물고기를 호수에 방생합니다. 비유하자면 이 호수의 이름이 자정이나 자각이기도 하고, 성찰이며 수행이기도 한 것입니다.

법륜 스님의 법문을 두고 좋네 나쁘네, 실질적인 도움이 되네 안 되네, 관념적이네 천편일률적이네 등의 평가를 내리는 사람들도 더러 있습니다. 그러나 그러한 평가들의 와중에서도 법우를 받아들이고는 싹을 틔우며 작물을 수확하는 단계를 천천히 밟아가는 사람도 분명히 있습니다.

비는 똑같이 내립니다. 저긴 내리고 여긴 내리지 않는 법우는 없습니다. 진리의 가르침도 마찬가지입니다. 진리의 가르침은 그 언제고 어디에서고 모든 방식으로 활달하게 펼쳐져 있습니다. 다만 내가 가꿔

온 이 밭이 얼마나 잘 준비가 되어있는가, 나는 얼마나 성실한 마음 농사꾼인가, 나는 진리를 들을 준비가 되어있는가의 여부가 다른 것뿐입니다.

바깥의 문제가 아닙니다. 내 문제입니다. 바깥을 탓할 게 아닙니다. 내 자신을 정말 투철하게 성찰하고 반성할 일뿐입니다. 그 언제고 나의 문제로 돌아와야 한다는 명백하고도 변함없는 사실 뿐입니다.

상황과 대응

선원 다각실에 개미가 들어왔습니다. 하루가 지나니 수십 마리가 다각실을 활개하면서 다닐 정도였습니다. 스님들이 개미를 쓰레받기에 담아 부지런히 밖으로 옮겼습니다. 그러나 시간이 지날수록 개미는 더 늘어났습니다. 누군가 다각실에 개미 약과 에프킬라를 가져다 놓았습니다. 자신이 직접 살생하지는 못 해도, 이를 써줄 사람을 찾는 모양이었습니다. 저는 우선 바닥에서 부지런히 돌아다니는 개미들을 쓰레받기에 담아 밖으로 옮겼습니다. 그리고 개미가 들어올 만한 입구에 에프킬라를 뿌렸습니다. 도처의 길목에 개미 약을 놓았습니다. 이후 개미는 더이상 다각실에 들어오지 않았습니다.

개미를 죽이는 과보가 있는지 없는지 저는 모릅니다. 그 업을 받는 '나'가 정말 있는지 없는지도 잘 모르겠습니다. 오래전, 한창 불교를 믿기 시작했을 때에는 이 업이나 과보, 그것을 받는 '내'가 분명해 보였습니다. 그리 믿었고 그리 살았습니다. 출가를 해서는 도반스님들이 '범승'이라는 별명을 붙여 주었을 만큼 착실하고 바르게 사느라 애를 많이 썼습니다. 수행도 열심히 했습니다. 하지만 그 언젠가부터 수행해나갈수록 분명해 보였던 개념들이 점차 희미해지고, 희미해진 것들은 급기야 잘 알 수 없는 것들이 되어버리기도 했습니다. 제가 자주 하는 말이지만, '분별의 앎'이 좋은 것만은 아닙니다. 어찌 보면 '모

161

름'이야말로 진정한 자유입니다. 저는 지금도 잘 모르는 것들 투성이입니다. 그럼에도 분명한 사실은 있습니다.

개미와 같은 공간에서 지낼 수는 없다는 것.

과보나 업이 있다면, 그리고 그 업을 받는 내가 있다고 한다면, 개미를 해친 과보를 제가 받기로 '결정'했습니다. 그래서 제가 에프킬라와 개미 약을 주워들었습니다. 업이든 과보든 받으면 그만이지, 그걸 고민하고 두려워하느라 시간과 생각을 낭비할 필요는 없어 보였습니다. 제가 그나마 뭐든 잘 보내주는 독특한 특기가 있어서, 과보나 업이 온다 해도 다 잘 받아들이고 또 잘 보내드리게 될지도 모릅니다. 저를 비롯한 스님들이 개미와 같은 방에서 살 수 없다는 것만은 분명했기에, 그 누구도 그 일을 하지 않는다면 제가 하면 됩니다. 대중들을 위해서 제가 과보를 받아도 상관없습니다. 그런데 혹 과보나 업이 없다 한다면, 뭐 없나 보다 하며 그냥 지나가면 됩니다. 저에겐 있고 없음이 그다지 중요한 요소가 아닙니다. 있으면 있는 대로 상황에 맞게 대하면 되고, 없으면 없는 대로 그냥 지나가면 됩니다.

단지 '상황과 대응'만이 있을 뿐입니다. 문제가 있느냐 없느냐, 그것이 옳으냐 그르냐 이러한 것들은 그다지 중요하지 않습니다. 문제가 아니라 상황이 있고, 시비가 아니라 대응이 있는 것입니다. 문제라고 하면 시비로 분간해 해결해야 하지만, 상황은 그 다채로움에 알맞게 대응하면 됩니다. 또 다른 상황이 펼쳐지면 역시 그에 알맞게 대응하면 되는 것입니다.

문제인가 아니면 상황인가에 대한 인식과 판단은 차이가 큽니다.

그건 내가 시비 삼는 문제인가, 아니면 전체의 한 모습으로서의 상황인가의 차이이기 때문입니다. 문제와 상황이라 하지만 기실 그 바탕에는 나와 전체라는 큰 차이가 있습니다. 나에게 갇혀 있으면 문제로만 인식될 뿐입니다. 하지만 전체로 펼쳐진다면, 그 문제가 그대로 상황이란 형태로 달리 드러나게 됩니다. 이렇게 인식이 제대로 전환된다면, 그 모든 것이 변하는 바 하나도 없이, 통째로 완전히 달라지는 법입니다.

아침에 우연찮게 읽은 경봉 스님의 노트 한 구절을 옮겨봅니다.

"오후 2시, 몸을 뉘였더니 귓가에 아련하게 뻐꾸기 울음소리가 들렸다. 문풍지를 밀었더니 손님은 그냥 바람소리뿐이라. 어디 고요를 잘못 들었나 싶어 귀를 후비니 공(空)한 마음소리만 들렸다. 사람과 사람 사이에는 너와 나라는 큰 산이 막아서고 있으니 이를 어찌해야 할까? 사람이란 제 마음의 벽을 먼저 허물어뜨려야 비로소 너와 나의 벽이 사라지느니, 스스로 공덕의 숲을 길러라."

진리는 보고 듣고 배우는 게 목적이 아닙니다.
진리는 '되는' 것입니다.

이만하면 됐다

여러 차원에서 아버지와 저는 삶을 살아가는 철학이 너무나도 달랐습니다. 그때마다 아버지는 말했습니다. "니가 아직 세상을 경험해 보지 않아서 그런 소리를 하는 거다." 그러나 저는 어려서부터 일찌감치 예감했습니다. 제가 아버지와 전혀 다른 길을 걷고, 다른 삶을 살 것이라는 걸 말입니다. 절에 들어와 수행자로 살고 있는 지금의 모습이 이 예감의 명확한 증명이 될 것입니다. 아버지와 제가 다르다고 늘상 느껴온 바이지만, 그래도 아버지가 무심결에 내뱉은 한마디의 말이 제 삶에 큰 영향을 미쳤습니다. 그렇기에 '아버지는 역시 아버지인 것이구나' 하고 느끼기도 합니다. 그 말이 바로 '이만하면 됐다'입니다.

대학 1학년 겨울 방학이었습니다. 방학이라도 별일 없이 학교에서 책 보는 것이 일과였기에 그날 아침에도 학교로 가고 있었습니다. 파란불이 켜진 횡단보도를 절반 정도 건널 즈음 퍽 하는 둔탁한 소리가 나고, 동시에 제 몸은 공중을 날고 있었습니다. '아, 이렇게 나는구나.' 지금도 그 순간이 생생합니다. 7~8미터 즈음 허공을 날아 바닥에 떨어지고, 다시 7~8미터 쯤 굴렀던가 봅니다. 저를 친 마을버스가 한참 멀리에 멈춰 서 있는 것이 보였습니다.

버스와 충돌 사고 직후 생긴 충격 때문에 몇 초 간 숨이 쉬어지질 않았습니다. 죽을 수도 있겠구나, 하는 생각이 들었습니다. 사람들이 모여들었고 빨리 119를 부르라는 말들이 들려왔습니다. 이 와중에 어떤 사람은 마을버스의 신호 위반을 증언해 주겠다면서 제 바지주머니에 자신의 연락처를 적은 종이를 쑤셔 넣기도 했습니다. 응급실로 실려가 엑스레이를 찍어 보니, 갈비뼈 두 개가 부러지고 세 개가 금이 갔습니다. 그런데 문제는 부러진 갈비뼈가 폐를 찔러 생긴 구멍 때문에 폐에 핏물이 고여버린 것입니다. 수술이 불가피했습니다. 하는 수 없이 지방에 계신 부모님에게 연락했습니다. 저는 곧장 수술실로 들어갔습니다. 수술을 마치고 병실에서 대기할 즈음에 부모님이 도착했습니다.

그런데 나중에서야 경찰이 저를 속였음을 알았습니다. 응급실 침대에 누워 수술을 기다리는 사이에 한 경찰관이 찾아왔습니다. 안부를 묻는가 싶더니 "학생, 마을버스 기사가 감옥에 가면 좋겠어?"라고 물었습니다. 제가 아니라고 답하자, 그렇다면 여기에 지장을 찍으라며 서류 한 장을 내밀었습니다. 당연히 경찰은 제 편이라 믿고 아무런 의심 없이 지장을 찍어 주었습니다. 그런데 나중에 알고 보니 그 서류에는 제가 버스기사에게 그 어떤 법적 책임도 묻지 않겠다는 내용이 포함되어 있었습니다. 버스 회사와 경찰관이 내통하여 미리 수를 쓴 것입니다. 병실 사람들은 서류에 지장 찍어 준 이야기를 듣고 치료비와 합의금을 받지 못할 수도 있다며 걱정해 주었습니다. 이 사실을 알고 난 뒤 몹시 화가 났습니다.

사고 소식을 듣고 서울로 향하는 기차 안에서 내내 울면서 올라왔다는 어머니, 그리고 한눈에도 당황한 기색이 역력한 아버지. 걱정과 긴장으로 한달음에 달려온 부모님은 막상 담담해하는 제 모습을 보고는 조금 마음을 놓은 듯 보였습니다. 저는 사고 경위를 설명하고 경찰이 왔다간 이야기까지 전했습니다. 어머니는 다친 사람을 앞에 두고 경찰이 어떻게 그런 짓을 하느냐며 분통을 터뜨렸습니다. 하지만 잠자코 이야기를 듣고 있던 아버지는 영 다른 반응이었습니다.

"버스기사가 무슨 돈이 있겠냐. 이만하면 됐다."

'이만하면 됐다.' 대수롭지 않은 말일 수 있습니다. 그런데 시간이 흐른 뒤 이 사고를 돌이켜볼수록 이상하게도 아버지의 그 말이 뇌리에서 떠나지 않았습니다. '이만하면 됐다… 이만하면 됐다….' 만일 저의 권리를 찾고, 정의를 구현하면서 사고를 온전히 수습하려 했다면, 그 비리 경찰관을 찾아가 항의하고, 또 버스 회사와 경찰 사이의 은밀한 거래를 들춰내고 이를 바로 잡기 위해 소송을 해야 했을지도 모릅니다. 실제로 많은 사람들이 그냥 넘어갈 일이 아니라며 분개했습니다. 하지만 아버지의 결정에 따라 저희는 그러지 않기로 결정을 내렸습니다. 그냥 지나가기로 했던 것입니다. 마음 한편으로는 억울하면서도 동시에 다른 편에서는 '이만하면 됐다'는 아버지의 말이 반복적으로 떠올랐습니다. 그런데 '이만하면 됐다'는 말이 반복되며, 그 어느 순간부터 복잡한 심경이 누그러지고 상황이 정리가 되어갔습니다. 옆구리에 호스를 꽂은 채 문병객을 맞으며 농담을 주고받았고, 의사와 간호사 몰래 학교 도서관으로 외출을 나가기도 했습니다. 의사는 보통 사람보다 회복 속도가 두세 배는 빠르다며 놀라워했습니다. 보통은 수술하고 석 달 만에 퇴원하는데 저는 한 달 만에 퇴원했습니다.

'이만하면 됐다', 이후에도 아버지의 말은 제 삶에서 끊임없이 재생되었습니다. 그리고 절에 들어와 살면서 그 말이 얼마나 좋은 가르침인지를 알았습니다. 우리는 부정하다고 느끼는 어떤 일이나 상황을 맞닥뜨리면 바른 방향으로 이끌고 고치려 합니다. 당연히 그래야 합니다. 하지만 그 모든 긍정과 부정의 판단 이전에, 혹 시비의 분별 이전에, 숨을 한 번 천천히 가다듬고 이 문제를 제대로 바라볼 수 있는 여유를 가지는 것은 매우 중요합니다. '이만하면 됐다'라는 말을 통해 가질 수 있는 여유가 어떻게 보면 어떤 성취를 이루는 것보다 더 큰 자산이라는 생각이 들기도 합니다.

이 여유로써 멈출 수 있는 것입니다.

멈추는 것은 결코 포기가 아닙니다.

멈춤으로써, 우리는 이전의 시비나 분별로는 전혀 보지 못했던 새로운 양상들이 펼쳐지고 있음을 확인하게 되는 경우가 많습니다. 아버지의 멈춤에는 자비심이 있었습니다. 버스 기사가 무슨 돈이 있겠냐며 이만하면 됐다, 라는 그 자비심으로 모든 시비분별과 억울하고 화나는 심경이 가라앉았으며 당시 상황에 안도해 멈출 수 있었습니다. 시비로 보면 갖은 문제를 낳을 수 있는 상황이, 자비심으로 다가서면 그 모든 문제들이 심각성의 힘을 잃고 그냥 지나가는 일들이 되어버리는 것입니다. 그 모든 문제적 상황도 문제로만 보지 않는다면, 그냥 스쳐가는 일이고 별스럽지 않은 상황이 될 뿐입니다. 그리고 조금 시간이 더 지나서 생각을 해보면, 그렇게 문제 삼지 않고 흘러간 것이 정말 잘된 일이구나, 싶은 경우도 많은 것입니다.

멈춤으로써 드러납니다. 멈춤은 시비와 분별을 멈추는 것이고, 드러나는 것은 전체라는 흐름입니다. 멈춤과 드러남은 둘로 나뉜 것이 아닙니다. 이것은 사실 동시의 일이고 또 하나의 일입니다. 몇 시간씩 좌선하고, 염불을 몇만 번 하고, 절을 몇천 배씩 하는 것만이 수행이 아닙니다. 수행이라는 것도 알고 보면 허명虛名이며 허상虛想입니다. 곧장 '이 자리'와 계합하지 못하기에, 특정한 수단을 통해서 만나려는 인위의 접근 방식입니다. 그런 면에서 그 모든 형태의 수행이란 작위라고 할 수도 있습니다. 삶의 한 순간, 생각의 한 찰나, 그 어떤 경험도 진리로부터 떠난 적이 없고, 늘상 '곧장'으로 함께라면, 사실상 수행조차도 불필요한 군더더기입니다. 그러나 무슨 이유에선지 우리는 이 '곧장'을 떠나버렸기에, 따로 좌선이나 염불, 알아차림이라는 수행을 통해서 '이 자리'에 도달하려고 수행하는 것입니다. 그런데 수행이라는 것이 묘합니다. 수행을 잘한다고 해서 '이 자리'로 돌아오는 것이라기보다는, 그러한 인위적인 노력이 완전히 멈출 적에, 온전히 포기될 적에 '이 자리'가 아무렇지 않게 드러나기 때문입니다.

저의 아버지는 참 훌륭한 선지식이셨습니다. 저에게 일생의 가르침인 '이만하면 됐다'는 멈춤의 가르침을 주셨기 때문이다. 절에만 선지식이 있는 게 아닙니다. 이미 도처 가까운 곳에 선지식은 여러 모습으로 와 있습니다. 이 선지식을 찾아야 합니다. 이 선지식은 이미 당신에게 여러 형태로 법을 설하고 있어 왔습니다. 선지식이 꼭 사람인 것만이 아닙니다. 당신이 만일 진정으로 멈추게 된다면 그 모든 경우, 그 모든 대상, 그 모든 순간이 선지식으로 환하게 나타날 것입니다.

하나님은 청하기도 전에 응답하셨다

기독교에서 언급되는 상징적인 일화가 있습니다.

한 마을에 큰 홍수가 났습니다. 집이 물에 잠기자 사람들은 지붕 위로 올라가 구조대가 오기를 기다렸습니다. 지붕 위에 있던 한 남자가 하나님에게 간절히 기도했습니다.

"하나님, 저를 살려주시옵소서. 저를 구원하여 주시옵소서."

그때 통나무를 붙들고 물에 떠 있던 이웃사람이 소리쳤습니다.

"지붕도 잠길 거예요. 그러니 이 통나무를 붙잡고 구조대가 올 때까지 같이 기다립시다."

"아닙니다. 저는 하나님께서 구해 주러 오실 것입니다. 다른 사람부터 구하십시오."

남자는 하나님께 계속 기도를 올렸습니다. 그때 보트를 탄 구조대가 나타났습니다.

"물이 점점 불어나고 있습니다. 조금 더 있으면 위험합니다. 어서 보트에 타십시오."

"아닙니다. 저는 하나님께서 구해 주실 것입니다. 저는 괜찮으니 다른 사람부터 구하십시오."

보트 구조대는 결국 이웃 사람들을 몽땅 태우고 멀어져갔습니다. 그때는 이미 물이 허리까지 차오른 상황이었습니다. 남자는 하늘을 보며 또다시 기도했습니다.

"오, 하나님! 저를 불쌍히 여기시고 제발 살려 주시옵소서."

때마침 남자의 머리 위로 밧줄이 내려왔습니다. 구조 헬기였습니다. 구조대는 밧줄을 잡고 올라오라고 소리쳤습니다. 그러자 남자가 손을 내저으며 말했습니다.

"저는 괜찮습니다. 하나님께서 구원해 주실 것입니다. 저 말고 다른 사람을 먼저 구하십시오."

헬기마저 떠난 동네에 비가 계속 퍼부었고, 결국 남자는 불어난 물에 휩쓸려 목숨을 잃고 말았습니다. 죽어서 하나님 앞으로 간 남자는 원망을 늘어놓았습니다.

"하나님, 왜 저를 구해 주지 않으셨습니까? 제가 그렇게 간절히 하나님을 기다렸는데 저는 왜 이렇게 죽었단 말입니까!"

하나님이 말했습니다.

"나는 너에게 통나무도 보냈고, 보트도 보냈고, 헬기도 보냈다. 내가 내민 손을 잡지 않은 건 네가 아니더냐."

남자는 하나님이 자신에게 천사를 보낸다거나 기적을 행함으로써 자신이 구원을 받을 것이라는 믿음을 가지고 있었습니다. 하지만 그 믿음이라는 게 알고 보면 자신의 어리석은 고집이었습니다. 하나님은 이미 손을 내미셨건만, 그 손을 잡지 않은 것은 남자였습니다. 하나님은 이미 여러 방식으로 구원의 뜻을 내보이셨지만, 남자의 고집이 그 뜻을 져버린 것이었습니다.

한 도반스님이 있습니다. 이 스님은 감기에 걸렸어도 진통제를 먹지도, 감기 주사를 맞지도 않습니다. 모든 의약품을 독으로 인식하기 때문입니다. 모든 화학적 성분이 들어간 약물이나 치료를 거부합니다. 그것들은 몸을 상하게 할 뿐, 몸에 전혀 도움이 되지 못한다고 말합니다.

약은 치료제입니다. 그러나 모든 약은 좋은 의미에서 치료제이지만 한편으로는 독입니다. 그렇기에 모든 약은 독이 되기도 합니다. 하지만 병을 치료하는 원리는 다름이 아니라 이독치독以毒治毒입니다. 사실상 병이란 독의 상황을, 약이란 독으로 치료하는 것입니다. 그런데 약만이 독인 것은 아닙니다. 어느 의사에 따르면 모든 음식도 어떠한 수준에서의 독입니다. 음식에 반드시 몸을 이롭게만 하는 것이 들어가 있는 게 아니기 때문입니다. 그렇기에 이런 말을 합니다. "음식도 적게 먹으면 약, 많이 먹으면 독입니다. 독도 적게 먹으면 약, 많이 먹으면 독입니다." 감탄을 불러들이는 명언입니다.

독 성분이 들어갔다고 무조건 거부해야만 하는 것일까요? 아닙니다. 병고에 따라서 우리가 이에 대응할 수 있는 독으로서의 약을 먹으면 우리의 몸이 더욱 악화되는 상황을 막거나 지연시킬 수 있습니다. 그리하여 몸이 스스로의 자정 기능으로 점차 정상으로 회복되면, 그간 치료로 써왔던 독도 서서히 중화되어 몸에서 빠져나가기 마련입니다. 결국 병이 없어졌을 때는 더이상 약을 먹을 필요가 없습니다.

우리의 몸은 참 좋은 바탕입니다. 몸은 병을 받아들이기도 하고, 병이 머물다가 병이 사라지는 바탕이 되기도 합니다. 그리고 이 바탕에는 인과라는 원리가 훌륭하게 작동되고 있습니다. 배고프면 밥을 먹어서 포만감이 느껴지고, 감기에 걸리면 몸에 열이 나고 아픕니다. 몸에서 열이 나고 아프면 진통해열제를 먹습니다. 그러면 열이 가라앉고 그 아픔이 훨씬 줄어듭니다. 이것이 인과입니다. 이것이 독이 독을 없애는 이독치독의 인과입니다. 그러나 몸이 어느 정도 나아지고 난 뒤에는 진통해열제의 효과도 점차 사라집니다. 항상 똑같이 작용하는 게 아닌 것입니다. 독이라는 것도 변화하는 상황에 맞게끔 무상한 것이고, 또한 소멸하는 것이기도 합니다. 이것이 인과입니다.

다른 인과를 살펴볼까요. 목마를 때에는 생수를 마십니다. 그럼 시원해집니다. 추울 때에는 찜질팩을 씁니다. 그러면 손발이 따뜻해집니다. 이것이 인과입니다. 여름에는 모시옷을 입고, 겨울에는 누비옷을 입습니다. 이것이 인과입니다. 인과란 비로자나부처님이 모습을 드러내는 방식입니다. 법신을 나타내는 비로자나부처님은 사실 모습이 없습니다. 그러나 그 모습이 없기에, 여러 방식으로 그 모습을 나타낼 수도 있습니다.

불교에서 인과는 진리입니다. 배고프니까 밥을 먹어 배부르고, 아프니까 약 먹어서 낫고, 추우니까 옷을 더 껴입어 따뜻하고, 눈앞의 글을 볼 수 있으니까 이해할 수 있고, 이해하니까 다른 방식으로 생각도 하게 되고, 이 모든 게 인과인 것입니다. 인과로서 펼쳐지지 않는 것은 없습니다. 다만 이 인과라는 것이 보고 듣고 생각하는 여러 인연에 따라 다양한 방식으로 변모하면서 이어지고 있는 것입니다.

홍수가 나서 통나무와 보트와 헬기가 온 것은 인과입니다. 그러나 어리석음은 고집을 낳습니다. 이렇게 살아날 수 있는 인과가 왔는

데, 하나님에게 자신의 욕심으로 기도하며 기적을 바란 남자는 결국 죽음을 맞고야 맙니다. 어리석음이라는 원인이 죽음이란 결과로 이어진 것입니다. 어쩔 수 없이 이것 또한 인과입니다.

감기에 걸렸지만 약도 안 먹고 주사도 맞지 않는 도반스님은 일주일 내내 큰 고생을 했습니다. 이것이 인과입니다. 스님이 빨리 치료를 하지 않은 일주일 사이에 여러 스님들이 감기에 옮았습니다. 이것이 인과입니다. 왜 빨리 치료를 하지 않아 대중들을 힘들게 만들었냐는 원성이 쏟아지기도 했습니다. 이것도 인과입니다. 도대체 인과 아닌 게 없습니다.

현대 의학과 의약품은 단지 기술과 화학품일 뿐일까요. 그것은 비로자나부처님이 세상에 그 모습을 드러내는 여러 방식입니다. 비로자나부처님은 모양이 없지만, 인과라는 진리의 작용으로 이 세상에 도처에서 여러 모습으로 나타나고 있습니다. 그러나 어리석은 사람은 이 진리를 받아들이지 않고 자신만의 의견을 고집합니다. 그것은 천사와 기적이 나타나 홍수에서 자신을 구원해 주길 바라는 어리석음이며, 현대 의학과 약품에 대한 불신만으로 가득 차서 치료라는 인과를 거부하여 사람들을 불편하게 만드는 어리석음입니다. 인과라는 원리로 사람을 대하고 세상을 바라보십시오. 그럼 인과 아닌 게 없는 것임을 알게됩니다. 사람과 세상은 이 인과의 순리로 이미 잘 돌아가고 있습니다.

그러나 한발 더 나아가 그러한 인과가 잘 구현될 수 있도록 나를 잘 비워두어야 합니다. 그리한다면 나 역시 인과로서 잘 굴러가게 되어 있습니다. 내 생각을 고집하는 게 아니라, 나를 인과에 온전히 맡겨

두는 것입니다. 맡기면 모든 일이 자연스러워집니다. 보트가 오면 몸을 옮겨 타면 되고, 헬기의 밧줄이 내려오면 손으로 잡으면 됩니다. 그리했다면 남자는 홍수 속에서도 살았을 것이고, 하나님에게 도움을 구할 일도, 죽어서 하나님을 원망할 일도 없었을 것입니다. 지붕 위의 남자에게 하나님은 청하기도 전에 이미 응답하셨습니다. 진리는 찾아 나서기 전에 이미 오래전부터 여러 방식의 인과로 누누이 대답을 해왔던 것입니다. 다만 이 분명하고 다양한 응답을 보고 듣지 못하는 이유가 있습니다.

'나'를 고집해서입니다.

간판이 무슨 상관

대학교 친구가 우동을 대접해 주겠다고 해서 명지대 앞으로 갔습니다. 일본 음식을 좋아하고 또 우동도 좋아하는 편입니다. 일본 본토에서도 유명한 우동을 몇 군데서 먹어본 터라, 그다지 큰 기대는 하지 않았습니다. 가게에 도착하니 간판이 인상적이었습니다.

'대우전자 지정점.'

이전 전자대리점 간판을, 그것도 오래되어 빛바랜 간판을 채 떼어놓지 않았던 것입니다. 정작 우동집의 나무 간판은 가게 입구 벽면에 주련처럼 걸려 있었습니다.

'가타쯔무리.' 달팽이란 뜻입니다.

가게 안에 고작 테이블 네 개밖에 없는 단출한 식당입니다. 오전 11시에 문을 열고 오후 2시 반에 닫는다고 공지되어 있지만, 일본인 셰프 겸 사장님이 그날 준비해놓은 면이 동나면 그보다 일찍 가게 문을 닫기도 합니다. 정오가 조금 안 되어 도착했지만, 이미 기다리고 있는 사람들이 꽤 있었습니다. 메뉴도 단출합니다. 면이 따뜻하거나 차가운지, 아니면 국물이 차갑거나 따뜻한지의 조합입니다. 자기 취향대로 고르면 됩니다. 잠시 기다리니 우동이 나왔습니다. 면발을 한번 먹어 보고 국물을 마시고 나니 이런 생각이 들었습니다. '실력 있구나.'

일본 현지에서 유명한 우동집에 밀리지 않을 정도입니다. 실력이 있으면, 음식이 맛있으면, 사람들은 기어코 찾아옵니다. 웨이팅을 마다하지 않습니다. 가게 간판이 '대우전자 지정점'이어도 개의치 않습니다. 메뉴가 한 가지여도 상관없습니다.

그만큼 실력이 중요하다는 것입니다.

포교당을 낸 도반들이 있습니다. 나름의 열정과 성의를 다해 불자들을 만들어 보겠다고 시작했습니다. 잘 해보라고 도반들에게 격려는 했지만, 사실 걱정이 되었습니다. 아직 준비가 덜 된 도반들이 열정만 믿고 무턱대고 포교의 현장에 뛰어든 것 같아서였습니다. 우려한 바대로 대부분의 포교당이 일 년을 넘기지 못하고 문을 닫았습니다. 그나마 사람들에게 인지도가 있어서 제일 오래 가리라 생각했던 도반 스님도 결국 서울 포교당 문을 닫았습니다.

식당이든 포교든, 정말 잘 하려면 원력과 열정만을 믿어서는 안 됩니다. 실력이 있어야 합니다. 스스로 준비가 잘 되어야 하고, 역량 또한 두루 갖추어야 합니다. 그렇기에 자기 검증이 필수입니다. 내가 정말 잘 준비되었는가, 내가 정말 실력이 있는가, 내 수행이 정말 다른 사람에게 감화를 주어 바른 방향으로 변화를 이끌어낼 수 있는가를 스스로를 잘 검증해 보아야 합니다. 열정만 무턱대고 믿어버리고, 검증을 도외시하면 안 됩니다. 그리하여 아직 준비가 되지 않았다고 판단되면, 스스로를 다지는 과정을 다시 거쳐야 합니다.

승랍(승려가 된 햇수)이 차다 보니 여러 절에서 소임 제의를 받기도 합니다. 그러나 제 스스로의 역량이 부족하다는 판단에 매번 고사했습니다. 저는 다지기 중입니다. 경전과 어록을 보고, 사람들을 만나고, 글을 쓰고, 참선을 하고…, 이 모두가 다지는 연습입니다. 지금 저는 회색 승복을 입고 '불교'라는 간판 아래 스님으로 지내고 있습니다. 하지만 간판이 무슨 상관이겠습니까. 실력이 중요합니다. 정말 실력이 있으면 통하게 되어있습니다. 실력이 있으면 알아보고, 또 실력이 있으면 자연스레 사람들이 모여들게 되어있는 것이라 믿고 있습니다.

간판은 상관없습니다. 실력입니다.

가장 훌륭한 대비

미래를 예상하고 어떤 문제가 일어나면 어떻게 해결해야 할지 고민하는 사람들이 많습니다. 그분들에게 제가 드리는 조언은 늘 비슷합니다.

"고민은 그때 가서 해도 늦지 않습니다."

일어나지 않은 일을 지금 눈앞에 여러 방향으로 펼쳐놓고, 이런 일이 벌어지면 어찌하지, 저렇게 반응하면 어떻게 될까, 하고 예상하는 건 간단하게 말해 '망상'입니다. 이는 마치 배가 뒤집어질 일도 없는데, 미리 물에 뛰어들 궁리를 하는 것이고, 바닷물이 차가울까, 파도의 높이는 어떨까, 구조선은 과연 오기나 할까, 하고 걱정하는 꼴입니다. 아직 오지 않은 일을 미리 끌어다놓고 고민하지 말라는 건 그 미래의 일이 어찌될지 아무도 모르기 때문입니다. '모른다'는 건 참 좋은 것입니다. 상황이 변하고 사람도 변하고 나도 변합니다. 무엇이 어떻게 변할지 아무도 모릅니다. 그러기에 삶은 무수한 방향으로 생동감 있게 펼쳐질 수 있는 것입니다. 이는 모르기에 가능한 것들입니다.

문제는 그 '앎'에 있습니다. 모든 것들이 역동적으로 자유롭게 변하는 흐름을 고정시키려 하고 구속하려는 고민들은 사실 '앎'의 일입니다. 그러나 앎으로 예상하고 고민하는 것들은 실상 전혀 다른 쪽으로 흘러가기 일쑤입니다. 그래서 앎은 잘 맞아떨어지지 않습니다. 그렇기에 그 앎으로 인해 일어나지 않을 일에 대해 생각하고 고민하면서 시간과 에너지를 낭비한다는 것은 삶의 효율 측면에서도 좋지 않습니다.

모르는 것은 모르는 것으로 남겨두는 게 좋습니다. 공연히 앎의 일로 끌어들이려고 하지 마시길 바랍니다. 고민은 일이 벌어졌을 때 그때 가서 해도 늦지 않습니다. 그때 가서 '잘' 보면 되고, '잘' 판단하면 되고, '잘' 대응하면 됩니다. 이 '잘'을 미리 정해놓지는 말라는 것입니다. 이 '잘'에 전에 없던 원칙과 틀을 집어넣고, 흐름으로 있던 상황을 억지로 끼워 맞추려는 그 생각 때문에 도리어 일이 '잘' 흘러가지 못합니다. 물론 대비는 중요합니다. 그러나 잘 대비하는 것은 무슨 일에 대한 방안을 미리 마련해두는 것이 아닙니다.

제가 생각하는 가장 훌륭한 대비는 비워두는 것입니다. 비워두는 것은 모름으로 남겨두는 일입니다. 모름으로 온전히 남겨둘 적에, 삶은 그 모름에서 스스로 생생하게 살아날 양분을 얻게 될 것입니다. 삶을 고정시켜 의미 매길 때 본연의 생명력을 잃습니다. 흐름으로 내맡기고, 그 흐름에 나조차도 실어버릴 적에, 삶도 살아나고 나 역시도 살아납니다.

181

4장

절벽의 끝으로

내가 쓰는 드라마를 끝내야 할 때

불혹不惑

세계 일주 당시에 부에노스아이레스에서 한 탱고 무희와 찍은 사진입니다. 이 사진을 핸드폰 배경 화면으로 쓴 지 꽤나 오래되었습니다. 세계 일주를 마치고 얼마 뒤부터 썼으니 햇수로 5년은 됩니다. 제 핸드폰 배경화면을 들여다본 많은 분들이 이 사진을 보내줄 수 없겠냐며 부탁을 해왔습니다. 저는 흔쾌히 보내드렸습니다.

"여자가 되게 예쁘네요."라고 사람들이 말합니다. "굉장한 미인이었지요~!"라고 제가 맞장구칩니다. "스님 혹시 마음 흔들린 거 아녜요?"라며 사람들이 장난치듯 물어 봅니다. "그럼요, 무척이나 설렜지요~!"라고 웃으며 대꾸합니다.

20대 때에는 불혹不惑이 되면 정말 흔들리지 않는 내가 될 수 있을지를 막연하게 그려 보았습니다. 그런데 실제 불혹을 넘어서니 그런 질문이 아연한 웃음으로 기억됩니다. 그렇게 많이 흔들려서 어떻게든 버티려고 안간힘을 쓰며 힘들어하던 때가 있었다니 말입니다. 이젠 더이상 불혹不惑이라는 '말'에 혹惑하지 않으렵니다.

흔들리지 않는다고요?
아뇨.
이리도 흔들리고 저리도 흔들릴 겁니다.

봄 산천의 벚꽃이 하도 예뻐서 기분은 설레는 것이고, 길거리의 군밤 냄새가 하도 고소해서 입맛을 다시는 겁니다.

이젠 더이상 불혹不惑이라는 '말'에 혹惑하지 않으렵니다.
이리도 흔들리고 저리도 흔들릴 겁니다.

칭찬과 비난

누군가가 나를 칭찬하면, 저 사람이 저렇게 생각하는구나, 하고 '감사합니다'라고 말하면 됩니다. 누군가가 나를 비난하면, 저 사람이 저렇게 생각하는구나, 하고 '죄송합니다'라고 하면 됩니다.

칭찬과 비난은 그 사람의 일이지 내 일이 아닙니다. 칭찬에 기분이 좋아지고, 비난에 기분 상할 수도 있겠지만, 그건 그 사람의 일이 아니라 내 일로 만들어서입니다.

그렇게 저 사람의 일이구나, 하고 넘겨 버릇하면 나중엔 칭찬과 비난도 별 자취 없이 넘겨집니다. 칭찬과 비난에 머무르지 말고, 그냥 흘러보내는 게 좋습니다. 바람 지나가는 소리 한번 들은 셈치고, 나는 그냥 내 갈 길 가면 됩니다.

찬바람이 불면 따뜻한 곳으로 옮기면 되고, 뜨거운 바람 불면 시원한 곳으로 옮기면 됩니다. 바람이란 그렇게 지나가는 것이지, 바람을 내 뜻대로 붙잡아 세우려 해서도, 세울 수도 없는 것입니다.

견디는 것이 전부이다

우리가 사는 세상을 '사바세계'라고 합니다. 견뎌야만 살아가는 땅이라고 해서, 다른 말로 인토忍土, 더러움으로 물든 땅이라고 해서 예토穢土라고 부르기도 합니다. 사바세계에서 우리는 어쩔 수 없이 고통을 느끼게 되어있고, 그래서 고통을 감내하고 더러 고통에 맞서 싸우기도 합니다. 고통은 우리 인간의 존재와 함께하는 동반자와 같은 셈입니다. 해인사에서 행자 생활을 하며 그해 가을에 있을 사미계 수계 준비를 할 때였습니다. 그즈음 저에게는 남에게 말하지 못한 큰 고민이 있었습니다. 제 왼팔에 있는 자해의 흔적 때문이었습니다. 대학 MT 때 깨진 맥주병으로 왼팔을 자해해, 응급실에서 스무 바늘을 넘게 꿰맸습니다.

조계종에서 스님이 되려면 몇 가지 사항에 위배되지 않아야 합니다. 우선 범죄 경력이 없어야 하고, 법적으로 결혼한 상태가 아니어야 하고, 정신이 병적으로 문제가 되지 않아야 합니다. 신체적으로는 불구不具면 안 되고, 또한 몸에는 문신이나 자해의 흔적이 있으면 안 됩니다. 여느 절에서 행자 생활을 마치고, 행자 교육원에 입방하게 되면 '신체 갈마'를 받게 됩니다. 일종의 신체검사입니다. 당시 저는 왼팔의 자해 흔적 때문에 얼마나 가슴 졸였는지 모릅니다. 흔적을 들키지 않으려고 부러 왼팔을 비틀어 돌리며 이대로 그냥 지나가기를 빌었습니

190

다. 다행이 신체검사를 별일 없이 통과해서 무사히 스님이 되었습니다. 지금이야 절집 경력이 10년을 넘어버렸으니, 그리고 그런대로 스님 노릇하며 잘 살고 있으니 이런 말을 할 수 있는 것입니다.

스스로의 분노를 감당하지 못해, 스스로를 해치는 것이 바로 자해입니다. 분노를 고통으로 바꿔도 마찬가지입니다. 고통을 감내하지 못해 스스로를 고통스럽게 하는 것이 바로 자해입니다. 20대 초반의 저는 지금은 잘 이해되지 않는 분노가 극심할 때도 있었고, 그 고통 역시 심했습니다. 그땐 두 가지 방법뿐이었습니다. 맞서 싸우거나 혹은 도망가거나. 맞서 싸웠을 때 사달이 났고, 도망갔을 때에는 움츠러들어 저를 숨기고 책망했습니다.

출가를 하고 절에 들어와서는 괜찮은 줄 알았습니다. 하지만 쉽게 괜찮아질 일은 아니었습니다. 봉암사에 살 때 한 스님을 몹시 미워했습니다. 그런데 그것이 감정적으로 미운 정도를 넘어서 그 스님을 살해하고 싶을 정도였습니다. 당시 심정을 가감 없이 말하자면, 봉암사 계곡으로 그 스님을 끌고 가서 돌로 머리를 찍어 죽이는 상상을 정말 수도 없이 했습니다. 물론 실제로 그러한 일은 일어나지 않았습니다. 하지만 그런 상상만으로도 지독하게 괴로운 시간이었습니다. 어떻게든 견뎌냈습니다. 그렇게 해서 일 년여 봉암사 생활을 간신히 마쳤습니다. 그 스님과 헤어졌으니 이제 편해질 줄 알았습니다. 그런데 그렇질 않았습니다. 다른 절에 가서 또 다른 스님을 극렬하게 미워하게 된 것입니다. 물론 미워하는 사람에게 그 어떤 해를 가한 것은 아닙니다. 끓어오르는 분노에 저 혼자 속으로 앓으며 괴로워했던 것입니다.

그나마 수행을 하는 덕에 '내가 분노하고 있구나'하는 자각이 일기는 했습니다. 그렇다고 분노의 근원이 해결된 것은 아니었습니다. 틈틈이 올라오던 분노는 정말로 극심한 고통이었습니다. 다행이 아무런 사고 없이 2년여 시간이 흘렀습니다.

그로부터 얼마 후, 기묘한 경계를 체험한 적이 있습니다. 그러한 뒤 이러한 생각이 들었습니다. '극심한 일은 지나갔구나, 이 생에 사람을 죽이는 일은 없겠구나, 더이상 어지러운 꿈을 꾸지 않아도 되겠구나' 하는 느낌. 마치 큰 태풍이 지나간 듯, 제 안의 분노가 일순간에 사라진 듯 느껴졌습니다. 그런데 그때의 심경은 태풍이 모든 것을 쓸어간 것이었습니다. 그래서 마치 고요한 폐허에 혼자 서 있는 듯 느껴졌습니다. 좋은 일도 아니고 나쁜 일도 아닌, 그저 공허함과 쓸쓸함만이 느껴지는 경험이었습니다.

그 뒤 신기한 일이 일어났습니다. 절집에 있다 보니 간혹 미워했던 두 스님을 만나게 되는 경우도 있는데, 살의 때문에 고통스러웠던 스님하고는 웃으면서 밥도 먹고 간혹 전화로 얘기하고 농담도 건넵니다. 다른 스님은 가끔 얼굴을 볼 뿐이지만, 마치 뒷산을 무심하게 바라보듯 아무런 감정이 일어나지 않았습니다.

어떤 분들은 그간 제가 큰 장애 없이 원만하게 수행해온 줄 압니다. 그런 말을 들을 때 저는 그냥 웃어넘깁니다. 저 역시 극심한 고통들을 수도 없이 치러냈습니다. 그러나 고통은 누구에게나 일어나는 것이고, 수행자라면 더더욱 겪어야 하는 필연적인 과정이기에 굳이 드러내지 않을 뿐입니다. 저는 자해라는 어리석은 행동도 저질렀고, 끔찍한 분노와 살의를 견뎌내며 호되게 지나온 시간들이 있었습니다. 그때 왜 그런 일로 고통스러웠을까를 지금에 생각해 보지만 솔직히 잘 모르겠습니다. 많은 경우, 전생의 인연, 두터운 업장으로 설명하기도 하지만, 저는 그러한 이야기를 즐겨 하지 않습니다. 꿈 안에서 무슨 또 다른 꿈 얘기를 할 필요가 있을까요. 그저 지나갔구나, 하는 사실을 알게 되는 것이고, 과거엔 그러한 일들이 벌어졌구나, 하고 스스로 수긍할 뿐입니다.

수행이란 잘 알려진 수행법을 열심히 해야지만 수행인 것은 아닙니다. 화두 챙김도 염불도 절도 위빠사나도 모두 훌륭한 수행법이지만, 어떻게든 견뎌내는 것도 사실상 대단한 수행입니다. 사바세계가 인토인 탓에, 이곳에서 어떻게든 살아가기 위해 벌이는 온갖 몸부림, 혹은 수그러듦 그 모두가 수행이라 할 수도 있습니다. 이것은 참는 수행이고 견디는 수행입니다. 그런데 참고 견디는 수행은 결과물이 확연하게 나타나지 않는 것처럼 보일 수도 있습니다. 하지만 오래오래 어떻게든 견뎌 봐야 합니다. 꾸준히 잘 견디다 보면 어느 순간 고통을 주는 조건들이 문득 사라지게 되는 신비한 경험을 하게 됩니다. 그럴 때에는 도대체 무슨 이유로 자신이 그렇게 괴로웠는지조차도 의아스러워질 수도 있습니다. 견디다 보면, 그렇게 버티다 보면 부지불식간에 나도 바뀌고 주변 사람도 바뀌고, 주변의 정황도 바뀌어버립니다. 견디는 수행은 단계가 분명하지도 않고 곧장 결과가 나오는 것도 아닙니다. 그러나 수행이 무르익으면 어느 시점에선가 그 결과가 자연스레 드러나게 되어있습니다. 어렵고 고통스런 수행이지만, 어느 면에서는 더 근원적이고 광범위한 변화를 이루어냅니다.

　제 개인적인 생각이지만, 세상에서 가장 어리석은 한자 중 하나가 바로 '이길 극克' 자가 아닐까 합니다. 극복克服, 극기克己와 같은 말들을 저는 믿지 않습니다. 싸워서 이기는 수행, 이김으로써 바뀌는 수행이 과연 있기나 할까요. 도대체 그 무엇이 잘못되었고, 그 무엇을 이겨야 한다는 말일까요. 더 나은 상황이라는 것을 내가 성취할 수 있고, 내가 나를 대상으로 싸워야 한다는 게 얼마나 어리석은 생각입니까. 극克은 지금의 이 상황을 인정하지 않고 내 방식대로 상황을 만들고 조율하겠다는 그런 아상我相과 에고가 벌이는 일들입니다. 이는 사실상 있는 그대로 드러난 진리와는 정반대에 있는 작위입니다. 진리란 이미 만천하에 환하게 드러난 것이지만, 나의 분별과 시비로 이를 거부하고 다른 방향으로 이끌려는 것, 이것이 바로 아상과 에고의 장난이고 놀음인 것입니다.

　내가 이룰 수 있는 성취는 없습니다. 오직 인연 따라 변화하는 상황만이 있습니다. 그리고 우리는 이런 상황에 알맞은 방식으로 대응해 나갈 수 있을 뿐입니다. '나'는 이겨서 바꿔야 할 대상이 아닙니다. '나'란 것도 알고 보면, 인정하고 받아들일 수 있는 하나의 상황입니다. 변화하는 상황에 어떻게든 대응해나가는 것, 솔직하게 스스로를 인정하고 받아들이는 것, 이것이 바로 참을 인忍입니다. 참는 것, 견디는 것이야말로 어떻게 보면 가장 근원적이고도 영향력이 수승한 수행입니다.

　얼마 전, 저와 인연이 되어 출가의 길을 걷게 된 한 사람을 만났습니다. 낯빛에는 좀 힘이 없어 보였는데, 그래도 얼굴은 밝아 보였습니다. 힘들어도 현재의 삶이 만족스럽다고 합니다. 저는 간단하게 조언 했습니다. 잘 버티라고, 어떻게든 살아남으라고. 처음엔 억지 같고 별 실효도 없어 보이지만, 오래 익어가다 보면 큰 힘이 될 때가 오고, 어느 순간 온전히 달라진 나와 온전히 달라진 상황을 만나게 될 것이라고. 그리곤 그 온전히 달라진 기반으로 삶이 편해질 때가 반드시 오게 될 것이라고. 그때까지 어떻게든 잘 버텨내라고.

견디는 것이 전부라고요.

되는 노력

수박은 왜 있는 것일까요? 푸른 줄무늬가 어떻게 생겼는지 관찰하라고, 크기가 얼마나 큰지 보라고, 똑똑 두들기면 무슨 소리가 나는지 들어 보라고요? 아닙니다. 너무 단순합니다. 수박은 먹어 보라고 있는 것입니다. 수박의 모양이며 크기, 상태, 재배 방식, 종류 등 그 어떤 수많은 지식을 가지고 있더라도 수박을 직접 먹어 보는 경험에 비할 바는 못 됩니다. 수박은 먹어 보라고 있는 것입니다.

사람마다의 느낌과 경중은 다르지만 '고통'이란 게 있습니다. 왜 사람은 고통을 느끼는 것일까요? 몸이 있어서 고통이 있는 것일까요? 아니면 마음이 있어서 고통이 있는 것일까요? 고통이 인간 성취의 어떤 방식으로 승화되기 때문에 의미가 있는 것일까요? 사회의 고통과 나의 고통은 같은가요, 아니면 다른가요? 인간은 고통을 즐기기 위해 계속 가지고 있는 것일까요? 도대체 왜 고통이 있는 것일까요? 고통에 대한 수많은 질문과 분석, 이해, 해답이 인류 역사에 누누이 이어지고 축적되어 왔습니다. 그러나 저는 고통의 존재 이유를 아주 간명하게 정리합니다.

고통은 벗어나라고 있는 것입니다.

《중아함경》〈전유경箭喩經〉에 나오는 이야기입니다.

말룬키아풋타가 부처님에게 세 가지 질문을 하면서 '대답이 시원찮으면 다른 스승을 찾아 떠나겠다'고 말했다. 첫 번째 질문은 '이 세계는 누가 만들었는가', 두 번째는 '영혼과 육체는 함께 존재하는가 아니면 따로따로 존재하는가', 마지막 질문은 '내생來生은 있느냐'였다. 그러자 부처님은 이렇게 되물었다.

"말룬키아풋타야, 만약에 어떤 사람이 길을 가다가 어디선가 누군가 쏜 독화살에 맞았다고 하자. 그런데 독화살을 맞은 그가 화살은 뽑지 않고 생각하기를, '이 화살을 쏜 사람은 누구고 왜 나에게 쏘았을까? 이 화살을 만든 나무 재질은 무엇이며, 또 화살촉에 묻은 독의 성분은 무엇일까? 이 궁금증을 해결하기 전에는 독화살을 뽑지 않겠다'라고 한다면 그는 어떻게 되겠느냐?"

말룬키아풋타가 "그는 몸에 독이 퍼져 죽겠지요"라고 대답했다. 그 말을 듣고 부처님이 말했다.

"그래 맞다. 이 세상에 사는 우리는 태어났으므로 늙지 않을 수 없고 병들지 않을 수 없으며 죽지 않을 수 없으니 우리는 이미 독화살을 맞고 있는 것과 같다. 그러니 독화살을 맞은 이는 독화살부터 뽑는 것이 순서가 아니겠느냐? 먼저 독화살을 뽑아야 고통에서 벗어나고 죽음에서 벗어날 수 있는 방도方途도 있지 않겠느냐? 내가 말하고자 하는 것은 독화살을 맞은 이는 먼저 그 화살을 뽑아야 한다는 것이다."

부처님은 또 이렇게 말했다.

"이와 같이 어리석은 어떤 사람이 '만약 부처님이 나에게 세상은 영원한지 영원하지 않은지, 생명과 몸은 같은지 다른지 등에 대하여 말해 주지 않으면 나는 부처님에게 청정한 수행을 배우지 않겠다'고 한다면 그 어리석은 사람은 마침내 그것을 알지도 못한 채 중간에 죽고 말 것이다. …(중략)… 나는 한결같이 괴로움과 괴로움의 발생과 괴로움의 소멸과 괴로움의 소멸에 이르는 길에 대하여 말한다. 왜냐하면 이것이야말로 진리에 맞고 청정한 수행의 근본이며, 지혜와 깨달음과 열반으로 나아갈 수 있게 하기 때문이다."

똑똑한 사람들이 정말 많은 시대입니다. 그러나 똑똑하고 아는 게 많다고 해서 온전히 행복하거나 자유로운 정신의 경지에 이르는 것은 아닙니다. 아는 건 많은데 정작 자유롭지는 못한 사람들도 많습니다. 어떤 사람들은 인간이 직면한 고통을 분석하고 나열하고 이해하려 애를 씁니다. 그런데 이것들은 '고통을 아는 노력'입니다. 하지만 이에 비해 정작 '고통을 벗어나려는 노력'은 훨씬 덜한 듯 보입니다.

부처님뿐만 아니라 역사적으로 출현한 수많은 성인들은 인간이 당면한 고통을 문제로 보고 이해하는 것에 머물지 않았습니다. 이들 성인들은 고통을 아는 데에만 머물지 않고, 고통을 벗어나기 위한 방법도 제시해 주었습니다. 부처님은 팔정도 수행을 통해 고통이 멸하는 경지에 이를 수 있음을 알려 주셨습니다. 그런데 이것이 세월의 흐름 속에서 염불이 되고, 간경이 되고, 호흡 관찰이 되고, 화두 수행으로 펼쳐지기도 했습니다. 그렇기에 우리는 자신의 인연과 의지에 따라 그 어느 하나의 방법을 택하고는 '고통을 벗어나려는 노력'을 하면 되는 것입니다. 그 노력이 바로 '수행'입니다. 이 이치는 정말 단순합니다. 불교는 이렇게 단순합니다. 고통에 대한 자각과 고통으로부터 벗어남, 단 두 가지 뿐입니다. 그리고 하나가 더 있다면, 이 두 가지를 연결해 주는 수행인 것입니다.

고통은 벗어나는 데 목적이 있고, 수박은 먹어 보는 데 목적이 있습니다. 그 무엇보다도 이 사실을 분명히 해야 합니다. 우리는 관념적으로나 형이상학적으로 잘 해결되지 않을 수많은 질문들을 가지고 있습니다. 말룬키아풋타처럼 세계는 누가 만들었으며, 영혼과 육체는 함께 존재하는 것인지 아니면 따로따로 존재하는 것인지, 내생은 있는지와 같은 질문과 궁금증은 동서고금으로 계속 이어져 왔습니다. 과거에도 있었고 지금도 있고 미래에도 있을 것입니다. 그런데 이에 대한 정확한 대답은 도대체 언제 얻어지는 것일까요.

그 대답은 사실 고통을 온전히 벗어날 때 자연스럽게 따라오게 되어있습니다. 고통의 벗어남과 깨달음은 같습니다. 먼저 나를 알고 세상을 이해하고 난 뒤에, 수행을 해야 한다는 생각은 잘못된 것입니다. 하지만 요즘은 세상을 이해하고 분석하는 수준이 매우 높습니다. 수많은 철학가와 사상가들의 책을 섭렵하고 그 낱낱의 방법론과 틀을 꿰고 있는 분들도 많습니다. 그러나 이러한 앎은 수박을 놔두고 수박의 모양이며 크기, 형태, 재배 방식 등을 아는 것과 별반 차이가 없습니다. 앞에서 수박은 먹는 데 목적이 있고, 고통은 벗어나는 데 목적이 있다고 했습니다. 나로부터나, 세상의 여러 관계에서 생겨나는 고통을 제아무리 잘 분석하고 꿰고 있다고 해도, 이를 벗어나지 못하면 도대체 무슨 의미가 있을까요. 고통을 벗어나는 방법으로서의 수행을 온전히 마치게 되면, 그 뒤엔 온전한 깨달음이 찾아듭니다. 그제야 나를 바로 보게 되고, 세상도 제대로 이해할 수 있습니다. 고통에서 벗어나는 때야말로 집착에서 근원한 모든 분별심과 시비심이 사라지는 때이고, 이 분별심과 시비심이 사라질 때 모든 존재의 실상과 원리가 밝게 드러납니다.

분명히 하셔야 합니다. 고통은 이해하는 것도, 분석하는 것도, 아는 것도 아닙니다. 고통은 벗어나야 하는 것입니다. 이것이야말로 우리에게 주어진 제일의 과제입니다. 그리고 이 과제를 명확히 한다면, 남은 것은 오로지 수행을 제대로 실천하는 것입니다. '아는 노력'은 오래전부터 충분했습니다. 문제는 너무 아는 노력만 해왔다는 사실입니다. 이제 그 아는 노력을 멈출 때가 되지 않았나요. 그럼 이제부터는 '되는 노력'을 해야 할 때입니다.

노파심에 한마디만 더 보탭니다. 깨달음이란 그 모든 질문에 대한 낱낱의 답을 얻는 게 아닙니다. 깨달음은 결코 그런 게 아닙니다. 모든 질문이 멈춰지는 것입니다. 모든 것이 멈춰질 때 이미 모든 것들이 온전하게 되어있었음이 스스로 명백하게 확인되는 것입니다.

삶을 바꾼 15분

군대에서 겪은 일입니다. 훈련장 근처 나무 밑에서 쉬고 있는데, 제가 속한 1소대만 다른 곳으로 자리를 옮기라는 중대장의 명령을 받았습니다. 그로부터 15분 뒤, 교량을 싣는 AVLB 장갑차가 나무 밑에서 쉬고 있던 병사들을 덮쳤습니다. 부대에 전입한 지 며칠 안 된 푸에르토리코 출신의 이병과 늘 유쾌한 모습을 보이던 3소대 하사가 장갑차에 깔렸습니다. 용산 미군기지의 병원인 121에서 응급 헬기가 날아왔지만 늦었습니다. 헬기 도착 전에 푸에르토리코 출신 병사는 이미 죽었고, 하사는 다리뼈가 다 앙상하게 드러나는 중상으로 고통스러운 비명을 내지르다 헬기 안에서 과다 출혈로 죽었습니다. 훈련은 즉시 취소되었고 모든 병사들이 부대로 복귀했지만, 암울해진 분위기는 어떻게할 수가 없었습니다.

단 15분 차이였습니다. 나무 그늘에서 한가롭게 쉬고 있던 부대원들의 운명을 가른 시간은 고작 15분이었습니다. 방금 전까지 농담을 주고받으며 웃던 동료들이 일순간 다른 세상의 사람이 되어버린 황당함에 저는 며칠 동안 얼이 빠져버렸습니다. '만일 내가 나무 밑에 남았다면 장갑차에 깔려 죽지 않았을까.' 며칠째 같은 상상을 하며 머리를 흔들곤 했습니다. 캠프 에드워즈에서 두 병사의 장례식이 치러지던 날, 허공에 예총 소리가 장엄하게 울려 퍼지는 동안에도 저는 장갑차에 깔려죽는 제 죽음을 상상하고 있었습니다.

그런데 묘했습니다. 처음에는 온갖 심경으로 복잡했지만 죽음을 상상할수록 마음이 편해졌습니다. 장갑차에 깔려 즉사하는 나, 다리 살점이 떨어져 절규하며 죽어가는 나. 상상이 반복될수록 오히려 죽음이 편하게 느껴지는 것이었습니다. 장례식을 마친 뒤 동료와 선임들은 군에서 죽는 것만큼 억울한 게 없다, 어떻게든 몸뚱이를 잘 간수해서 무사히 전역을 해야 한다며, 장례식의 의미를 서둘러 정리했습니다. 하지만 동료 군인들의 죽음은 저에게 큰 의미를 남겼습니다. 죽은 건 그들이었지만, 생각해 보면 그들이 죽은 이후에 '저의 죽음'도 시작되었던 것입니다.

'Live with Death.' 학창 시절 노트에 틈틈이 적었던 문장입니다. 수업 시간에 하라는 필기는 안 하고 저는 이 단어를 계속 읊조리고 써 내려갔습니다. 노트에 적는 것만이 아니라 거리를 걸으면서도 계속 죽음을 상상했습니다. 그러다 이런 꿈을 꾸기도 했습니다. 꿈에서 저는 추락하는 비행기에 앉아 있었습니다. 사람들의 비명으로 비행기 안은 아비규환이었습니다. 그 와중에 저는 빠르고 정확하게 판단했습니다. '나는 여기서 죽는다, 피할 수는 없다. 죽는다면 죽는 것이다. 그래도 죽음을 또렷하게 맞아들이고 싶다.' 추락하는 비행기 창밖으로 눈 덮인 험준한 산봉우리가 드러났습니다. 저는 비행기가 추락할 때까지 한순간도 놓치지 않고 정미롭게 바라보았습니다. 소리를 지를 필요도, 죽는다고 심란할 필요도 없었습니다. 그냥 이 마지막 순간을 똑바로 바라보겠다는 생각뿐이었습니다. 결국 비행기는 추락했습니다. 그러나 꿈의 결말은 예상 같지 않았습니다. 모든 것이 무너진, 인적 없이 고요한 폐허의 자리에서 저 혼자 덩그러니 서 있었던 것입니다.

고인들은 말했습니다. 삶이란 잠시 와 있는 것이고, 죽음이란 잠시 떠나가는 것이라고요. 하늘에서 홀연히 구름이 일어나 흐르다가도, 그 어느 순간에 구름이 홀연히 사라지는 것처럼 말입니다. '홀연히'에는 그 어떤 시작도 없고 끝도 없습니다. 시작도 끝도 없는데, 의미가 있을 리가요. 갖은 의미를 억지로 부여하고 추구하는 데에서 모든 혼란과 번뇌가 시작되는 것입니다. 다만 그 의미 부여를 멈출 일입니다. 오고 가는 것이나, 일어나고 사라지는 것은, 시작도 없고 끝도 없는 영원한 흐름입니다. 보이지도 않고 만질 수도 없고 닿을 수도 없는 이 흐름은 태어난 적도 없고 사라지지도 않습니다. 다만 이 영원한 흐름에 그저 나를 던지고 내맡기면 됩니다. 그러면 나는 그 모든 것들로 분명하게 살아나게 됩니다. 바람이 불어 나뭇가지는 흔들리고 있고, 비가 내려서 땅은 축축하게 젖었고, 아침에 일어나 마신 커피는 씁쓸하고, 까마귀는 여전히 허공에서 까악까악 울어댑니다. 매 순간, 그 모든 것들이, 그 어떤 의미에 안착하려 하지도 않지만, 그 모든 인연에 맞추어 이처럼 생생하게 살아있습니다.

수행은 사는 수행이 아니라 죽는 수행이어야 합니다. 왜 죽는 수행인가요. 우리는 너무 삶에만 치우쳐 있기 때문입니다. 삶에만 빠져 있고 삶을 생각하고 삶을 꾸미려는 데 애를 쓰기 때문입니다. 이 죽는 수행을 선문禪門에서는 '방하착' 즉 '내려놓으라'라고 하기도 했습니다. 살아있다고 여기면서 잡으려고 하는 그 모든 것들에 대한 집착을 내려놓으라는 뜻입니다. 죽는 상상을 자주하고 또 죽음을 받아들이는 저의 오래된 습관이 어찌 보면 방하착입니다. 수행이라는 게 꼭 좌선, 염불, 마음챙김을 해야 하는 것은 아닙니다. 의도적으로 무언가를 하는 것만이 수행인 것은 아닙니다. 내려놓을 수만 있다면, 그 모든 생각이며 행동이며 습관 모두가 수행이라 할 수 있습니다.

삶의 반대말은 죽음이 아닙니다. 삶은 다만 흐름입니다. 방하착을 중요시 여기는 것은 삶에 대한 의미를 너무 과도하게 두었기에, 억지로라도 그 내려놓음을 통해 과중한 무게와 그릇된 집착을 덜기 위함입니다. 태어남도 죽음도 없다면, 태어남도 죽음도 아니라면, 모든 것이 집착이 내려진 상태라면, 그때에는 삶이라는 흐름만이 있을 뿐입니다. 의미로 규정하려 들고, 실체라는 것으로 매인다면, 이 세상은 언제 어디라도 삶과 죽음에 허덕이는 지옥입니다. 하지만 의미 구함도 멈추고 머묾 없이 흐른다면, 이 세상은 이미 이러함(如是)으로 완벽한 극락 세계입니다.

이러합니다. 바람이 불어 나뭇가지는 흔들리고 있고, 비가 내려서 땅은 축축하게 젖었고, 아침에 일어나 마신 커피는 씁쓸하고, 까마귀는 여전히 허공에서 까악까악 울어댑니다. 이러함으로 이 세상은 이미 완벽한 극락세계인 것입니다.

지금 당장, 침 한번 멀리 뱉어 보세요

영화 〈플로리다 프로젝트〉에서 세 꼬마 무니와 스쿠티, 잭은 젠시 엄마의 차를 향해 침을 뱉습니다. 누가 더 멀리 침을 내뱉나 하고 내기를 한 것인데, 하필 그 목표가 젠시 엄마 차였던 것입니다. 젠시 엄마가 이 광경을 보곤 화를 냈고 아이들은 욕을 하며 도망갑니다. 그러나 아이들은 건물 관리인에게 잡혀 젠시 엄마에게 끌려오게 되고, 차를 닦아야만 하는 벌을 받습니다. 하지만 아이들은 벌을 받는 모습이 아닙니다. 차 위에 올라가서 차를 닦는데, 그 모습이 꼭 침을 뱉는 것과 마찬가지로 '노는' 모습입니다. 벌을 받는 게 아니라, 여전히 놀이를 즐기고 있는 것입니다. 젠시 엄마는 '너희들은 노는 게 아니라 일을 해야 한다'고 말합니다. 그러나 아이들은 듣지 않습니다. 아이들이 이렇게 재밌게 차를 닦는 놀이를 하자, 곁에서 지켜보던 젠시가 아이들의 놀이에 관심을 보입니다. 그러자 무니는 젠시에게 함께 차를 닦자고 말합니다. 젠시는 기다렸다는 듯이 페이퍼 타월을 들고 아이들과 함께 신나게 차를 닦습니다. 이 모습을 본 젠시 엄마는 젠시에게 '너는 이 일을 해서는 안 된다'고 말합니다. 차를 닦는 것은 '벌'이기 때문입니다. 하지만 젠시는 엄마의 말이 안중에도 없습니다. 이미 차 닦는 놀이에 빠져들어 그 놀이를 즐기고 있던 것입니다.

시와 비, 잘못과 처벌, 아이들에게는 이것이 명확하게 나누어지지 않았습니다. 아직 분별심이 어른들처럼 명확하게 들어서지 못한 때입니다. 분별의 미분화나 약분화 상태라 할 수 있습니다. 그래서 아이들을 순수하다고 합니다. 순수하게 무질서이고 순수하게 무분별입니다. 질서와 분별은 어른들의 것이지요. 저는 '상황과 대응'이라는 말을 즐겨 쓰는데, 젠시와 아이들은 상황과 반응에 가깝습니다. 다채롭게 변화하는 상황에 따라 단지 반응하는 것, 이것이 지금 아이들이 처해 있는 상황과 반응입니다. 젠시 엄마는 차에 침을 뱉은 것은 잘못이고, 이 잘못에 대한 처벌로서 차를 닦아야 하는 것을 강요하는데, 아이들에게 단죄와 처벌이라는 건 없습니다. 차에 침을 뱉는 놀이와 차를 닦는 놀이, 온통 놀이일 뿐입니다. 차가 있는 상황이어서 단지 그 차를 향해 침을 뱉는 것이었고, 차가 더럽혀진 상황이어서 단지 그 차를 닦는 것뿐이었습니다. 이 얼마나 순수하고 얼마나 아름답고 얼마나 즐거운 일입니까.

하지만 어른들은 그러지 못합니다. 차에 침을 뱉는 행위 자체가 잘못된 것이라는 판단이 너무 즉각적으로, 동시에 들어서기 때문이죠. 그 모든 행위에 대한 평가가 곧장 들어오게 되어있습니다. 분별이 이미 견고하게 자리 잡혔기 때문입니다. 그러나 오해하지는 마시길 바랍니다. 아이들은 잘못이 없다, 차에 침을 뱉어도 된다고 말하려는 게 아닙니다. 분별에 너무 익숙해 있고, 분별에 길들여져 온 우리를 좀 제대로 살펴보자는 것입니다. 왜 우리는 저 아이들처럼 일을 즐기지 못하는가, 왜 우리가 하는 것은 일이 되고 저 아이들은 놀이가 되는가, 하는 것을 곰곰이 돌이켜보자는 것입니다.

우리의 삶에는 다양한 상황이 펼쳐져 있고, 우리는 이에 알맞게 대응할 뿐입니다. 하지만 분별에 사로잡힌 상황에서 우리는 상황을 당위로, 대응을 의무로 받아들입니다. 당위이기 때문에 받아들이기 버겁고, 의무이기 때문에 즐기지 못하는 것입니다. 그래서 우리는 삶 전체를 놀이로 받아들이는 데 실패하고야 맙니다. 실패라는 말이 어폐일수도 있습니다. 왜냐하면 원래 놀이였는데, 분별화 과정을 거치면서 그것을 떠나온 상황이기 때문입니다.

제가 아는 한 공부인은 '욕망'을 두고, 개인이 자발적인 필요에 의하여 발생한 것이 아니라 사회의 필요에 의하여 주입된 기억과 습관이라고 했습니다. 그렇기에 욕망은 나의 것이 아니라, 사회의 것이라고 합니다. 욕망을 갖는 '나'가 별개로 존재하는 것이 아니라 욕망의 집합이 '나'입니다. 그러므로 '나'는 주재적 실체가 아니라 사회(타인들)에 의하여 만들어진 사회적 기능일 뿐입니다. 이 공부인은 무아를 이러한 방식으로 분석했습니다. 욕망이라는 것의 기능적 관점에서 사회와의 관계성을 고려한 좋은 통찰입니다.

분별 또한 마찬가지입니다. 우리는 내가 분별을 한다고 여기지만 사실 그 분별은 사회라는 밖에서 들어온 것들입니다. 아이들은 아직 스스로에 대한 정체성과 사회적인 관계가 미비합니다. 아직까지 나와 남, 나와 사회가 명확하게 갈라지지 않았기 때문입니다. 그렇기에 타자와 사회로부터의 영향을 덜 받습니다. 무엇을 꼭 해야 한다, 아니면 무엇을 절대로 해서는 안 된다의 관념과 분별도 희미합니다. 그렇기에 차에 침을 뱉는 것이나, 침으로 더러워진 차를 닦는 것도 단지 놀이로 하는 것뿐입니다. 아이들에게 삶이란 온전히 신기하고 생동감 넘치는 놀이들뿐입니다. 그러나 시비의 분별심을 받아들이고 단죄와 처벌이라는 사회화 과정을 거치면서 앞으로 당위라는 것들을 배워나갈 것입니다. 그리고 이 당위들에 대한 의무를 습관화한 '나'를 점차로 형성하게 되는 것입니다.

우리들이 어릴 때에 대한 기억이 희미한 것은 이 '나'가 제대로 형성되지 않았기 때문입니다. '나'가 형성되기 이전에 우리는 전체로서 살았습니다. 전체에는 중심이라는 게 없습니다. 그저 전체 자체입니다. 이것이 전체로서의 한 덩이입니다. 그러나 '나'라는 분별이 생기면서부터 고난이 시작됩니다. 성경을 보면 아담과 하와가 사는 곳은 평화로움만 가득한 에덴동산이라는 낙원입니다. 하지만 그들이 선악과를 먹으면서부터 원죄가 형성되었고, 그로부터 온갖 고난이 시작됩니다. 선악善惡은 분별의 가장 기본적인 요소입니다. 우리말로는 선악과라고 번역했지만, 이 선악과의 영어 명칭이 흥미롭습니다.

'The Fruit of the Tree of the Knowledge of Good and Evil.'

선악과는 선과 악을 분별해 주는 '지식'을 주는 과일인 겁니다. 이 분별이라는 지식을 얻으면서부터 인간의 죄와 고난의 역사가 시작되는 것입니다. 분별이라는 지식을 가지기 전까지 인류의 조상인 아담과 하와는 평화로운 에덴동산에 지냈지만, 이 분별이 일어나면서부터 낙원에서 추방당하고 인류는 이 분별에 대한 죄를 고통으로 상속받은 것입니다. 선악과를 먹기 전까지 아담과 하와는 발가벗고 지내는 데에 아무런 거리낌이 없었습니다. 하지만 선악과를 먹고 난 뒤에 아담과 하와는 발가벗는 데에 부끄러움이 생겼습니다. 발가벗은 몸이 부끄러운 것이라는 지식이 생긴 것이고, 동시에 나와 남을 명확하게 구분하는 분별이 생겨버린 것이었습니다. 선악이든, 자타든, 시비든 그 모든 분별은 말이나 형태가 다를지언정 동시에 생겨나게 되어있습니다.

이런 생각이 듭니다. 에덴동산은 인류의 원죄와 고난의 역사를 상징적으로 드러내는 비유이지만, 그것의 실제 모습은 우리의 삶에서 그대로 나타났다고요. 어린 아기 시절이 그렇기도 합니다. 평화로운 낙원이자 그 어떤 분별도 없는 에덴동산에서 '나'라는 것이 형성되기 전까지 우리는 아주 잘 살았습니다. 갓난아기 때에 배고프면 울고, 배부르면 잤습니다. 두세 살 때 벌거벗고 온 집 안을 싸돌아다녀도 부끄러움이 없었습니다. 그러한 우리의 모습이 선악과를 먹기 전의 아담과 하와와 다를 바가 뭐가 있나요. 사람이 두세 살까지의 기억이 없는 것은 아직 '나'라는 분별이 명확하게 들어서지 않아서입니다. '나'란 사실상 그 모든 분별된 경험과 기억의 모임이기도 합니다. 하지만 분별의 시작과 모임으로서의 '나'가 형성되면서부터 선악도 알고 시비도 알고 부끄러움도 알면서부터, 그러면서 우리는 이 무분별의 전체라는 삶에서 떠나, 이 보잘 것 없는 몸뚱이 안으로 스스로를 가두어버리고 만 것입니다. 우리는 모두 에덴동산에서 살았습니다. 그러나 무슨 이유에선지 이 에덴동산을 홀연히 떠나버리고야 말았던 것입니다.

공자의 《논어論語》 중 〈옹야雍也〉 편에 이러한 말이 있습니다.

아는 자는 좋아하는 자만 못하고,
좋아하는 자는 즐기는 자만 못하다.

知之者 不如 好之者

好之者 不如 樂之者

선악과는 분별하는 지식(知)으로서의 앎이고, 에덴동산은 즐거움을 누리는 낙원(樂)으로서의 전체입니다. 우리가 살아가는 목적은 지식을 쌓기 위함도 아니고 이를 자랑하기 위함 역시 아닙니다. 설혹 팔만대장경을 거꾸로 외우고, 선문에서의 1600공안에 대한 답을 줄줄 꿴다고 해도, 지금 당장의 삶에서 자유롭지 못하고 이 삶을 전체로서 즐기지 못한다면 무슨 의미가 있을까요. 깨달음은 아는 것도, 채우는 것도, 자랑하는 것도 아닙니다. 지금 당장 즐기는 것이고, 곧장 눈앞으로 온전하게 누리는 것입니다.

지금 당장, 침 한번 멀리 뱉어 보세요.
퉤!
이렇게 온전한 일이고, 이렇게 진실된 일입니다.

무조건

한 사람이 인도 걸인에게 물었답니다. 당신은 가진 게 없는 참 불쌍한 사람이라고요. 인도에는 당신과 같은 걸인들이 넘쳐나는 참 안쓰러운 나라라고요. 이에 인도 걸인이 버럭 화를 내며 반박했다고 합니다. 내가 오늘 먹을 게 있고 또 잘 곳이 있는데 무엇이 불쌍하냐고요. 난 하루하루 사는 게 행복하다고요. 그런데 먹을 거 잘 곳이 충분한 당신이야말로 나보다 불쌍해 보인다고요.

우리는 입을 거, 먹을 거, 잘 곳이 다 있습니다. 그런데도 우리는 인도 걸인만큼 행복하다고 자신 있게 말할 수 있는 사람이 그렇게 많이 있어 보이진 않습니다. 외적인 조건으로 나의 존재를 규정하기 때문입니다. 그것은 삶의 주인으로 사는 게 아니라 조건의 노예로 사는 겁니다. 그 조건에는 이유가 많습니다. 태생이 흙수저고, 임금이 적고, 사회가 불합리한 것 등등으로 이유는 다양합니다. 이유를 대려면 끝이 없습니다. 우리는 그 조건을 바꿈으로써 행복해지려고 합니다. 조건이 변화하면 좀 더 행복함으로 다가설 수 있다고 생각합니다. 그런데 저는 그렇게 생각하지 않습니다. 그런데 행복이란 건 그 어떤 이유가 있어서 행복해야 하는 게 아닙니다.

행복은 무조건입니다.

행복에는 사실 조건이 없는데, 자꾸 우리가 조건을 만드는 겁니다.

우리는 언제 어디서라도 행복합니다.

행복은 절대입니다.

이게 우리 존재의 본래 모습입니다.

만일 자신이 행복하지 않다고 느낀다면 내가 어떤 조건을 내세운 것이 아닌가 돌이켜보십시오. 내가 조건으로 인해서 행복해지는 사람이 아닌가 스스로 성찰해 보십시오. 조건이 불충분해서 내가 불행하다면, 내 존재 자체로서 지니고 있는 행복을 차버리고, 내가 조건의 노예로서 살아온 게 아닌가, 한번 곰곰이 생각해 보십시오.

　삶의 주인으로 살 것인가, 조건의 노예로 살 것인가는 스스로 결정하는 겁니다. 그리고 그 결정에 남 탓 사회 탓하지 마시고 스스로 책임을 지셔야 합니다.

이렇게 모든 일은 다 스스로입니다.

다 나의 일이지, 바깥의 일이 아니라는 겁니다.

그 고통이 누구에게서 일어나고 있습니까?

오래된 부끄러운 이야기입니다. 친구 중에 사람들 등 뒤로 몰래 다가 가 양쪽 겨드랑이에 손을 확 집어넣고 놀라게 하는 고약한 취미를 가 진 이가 있었습니다. 저 또한 친구의 장난에 놀란 적이 몇 번 있습니다. 그렇게 몇 차례 당하다가 한번은 정색하고 친구를 노려보며 분명하게 말했습니다. "다시는 이런 장난치지 않았으면 좋겠다." 그러자 씨익 웃 으며 친구가 하는 대답이 가관이었습니다. "어, 이러다 사람 치겠네?" 저의 정당한 요구를 비웃는 친구의 대꾸에 정말 기분이 나빴습니다. 하마터면 주먹까지 휘두를 뻔했습니다. 사과를 하고 용서를 구해도 시 원찮을 판에, 되레 저를 비웃고 간 친구의 말투와 표정이 어찌나 밉던 지 며칠 동안 심난했습니다.

그런데 문제는 이때부터였습니다. 잘못은 분명히 친구가 저질렀 는데 정작 괴로운 것은 저였습니다. 저에겐 잘못이 없었습니다. 문제 를 일으킨 것도 친구이고, 사과를 하지 않은 것도, 나의 정당한 요청을 비웃은 것도 친구였습니다. 모든 잘못은 친구가 저질렀습니다. 그런데 어떠한 잘못도 없는 제가 계속해서 고통을 느끼고 있었습니다. 친구는 제 말을 듣는 둥 마는 둥 하며 다른 사람들에게 여전히 같은 장난을 치 고 있었습니다. 그 친구는 어떤 고통도 없는 거 같았고, 그런 이유인지 오히려 저의 괴로움만 커져 갔습니다. 이 상황이 도무지 이해가 가지

않았습니다. 잘못한 사람은 아무렇지도 않고 아무런 잘못도 없는 내가
왜 괴로워해야 할까….

　그렇게 사흘이 지났습니다. 심난함을 넘어서 머리가 부서지는 것
만 같은 두통에 시달렸습니다. '왜일까, 잘못한 사람은 괴롭지 않고, 왜
잘못이 없는 내가 괴로울까. 이치로 따지자면 잘못을 저지른 사람이
힘들어야 하는데, 왜 내가 힘든 걸까….' 수업을 들어도, 사람들과 얘기
를 해도, 이 생각이 머리에서 떠나질 않았습니다. 고민을 피하려 영화
를 보고 음악을 들어도 그 뿐, 또다시 그 의문이 머릿속을 헤집고 다녔
습니다. 도대체 왜일까. 왜 잘못한 사람은 괴롭지 않고, 잘못 없는 내가
괴로울까. 그렇게 사흘 동안 걷잡을 수 없는 혼란 속에 빠져들었습니
다. 그러던 차, 갖은 고민과 갈등으로 복잡했던 머리와 가슴이 텅 비어
버리게 된 건 단 한 순간이었습니다. 단 한마디 글귀를 보고 난 뒤 머
리와 가슴이 단번에 비워졌습니다. 꽉 막힌 의문들이 한 순간에 해결
되어버린 것입니다.

　"모든 고통은 집착에서 생겨난다."

시비라는 분별에 대한 집착. 제가 딱 그랬습니다. 저는 친구가 잘못했
고 저는 하등의 잘못이 없다고 생각했습니다. 그릇된 건 친구고, 친구
의 태도였으며, 이와 반대로 저는 옳았으며, 저의 요청 또한 정당하다
고 철석같이 믿고 있었습니다. 그 누구라도 이 상황을 저와 똑같은 견
해로 바라볼 것이라 확신했습니다. 그러나 제가 보지 못한 게 있었습

니다. 제가 옳다는 집착, 옳다는 것에 매몰된 나머지 제가 이 옳음에 한
없이 집착하고 있다는 사실을 차마 보지 못했던 것입니다. 그러던 차
에 "모든 고통은 집착에서 생겨난다"는 이 문장을 본 순간, 제가 옳음
에 집착하고 있었다는 사실을 문득 깨닫게 된 것입니다.

　물론 객관적으로 봐도 제가 옳았습니다. 제 반응도 옳았고, 제 요
청도 옳았고, 제 인욕도 옳았습니다. 그런데 옳음이 문제가 아니었습
니다. 문제는 바로 '집착'이었습니다. 이 옳음에 얽매여 집착한 나머지
내 자신을 보지 못했던 것입니다.

　《금강경》의 한 구절입니다.

　　법조차도 버려야 하는 것이거늘
　　하물며 비법이랴.

　　法尙應捨
　　何況非法

당연히 그른 것은 생각지도 않고 행하지도 말아야 합니다. 그러면 그
와 반대로 옳은 생각과 옳은 행동만을 지향해야 하는 것일까요? 물론
그렇게 해나가는 것이 맞습니다. 선행을 기르고 자비심을 닦는 것이,
악행을 행하고 남들을 괴롭히는 것보다 훨씬 낫습니다. 그래서 육바라
밀⁺을 닦으라고 하는 것입니다. 하지만 여기서 끝이 아닙니다. 그 마지
막에는 옳다고 믿는 그 생각과 옳다고 믿었던 행동마저도 모두 버려야

합니다. 반드시 그래야만 합니다.

　무엇이 옳고 또 무엇이 그르다는 시비의 분별심이 꺾이게 되더라도, 시비 자체가 사라지는 것은 아닙니다. 분별심이 사라지면 그러한 텅 빈 바탕에서 '맑은 분별'이 나옵니다. 이 '맑은 분별'을 우리는 지혜라 부릅니다. 그런데 지혜는 우리가 따로 얻어야 할 바른 이해나 안목 같은 게 아닙니다. 지혜는 그릇된 분별심만 벗어나면 그대로 드러나는 '맑은 분별'입니다. 하지만 분별심이 없어지기 전에 우리는 갖은 분별의 양상에 휘둘릴 뿐입니다. 분명히 제대로 분별을 한다고 하지만 여전히 분별심에 끄달려 잘못되었다고 여겨지는 것은 미워하고, 옳다 생각하는 것에 집착하게 됩니다. 이러한 분별을 두고 저는 '탁한 분별'이라고 부르기도 합니다. 그 근원이 공空함과 만나지 못하고 분별의 양상에만 사로잡혀서 도리어 그 분별로 인해 휘둘리게 되기에 '탁한 분별'입니다.

　탁한 분별과 맑은 분별은 차이가 분명합니다. 탁한 분별로는 내가 마음이라고 부르는 '식정識精'에 휘둘리게 됩니다. 그릇된 것은 미워하고, 옳은 것에 집착합니다. 잘못을 한 남을 미워하고, 나는 옳다는 믿음에 집착합니다. 대학생 시절, 장난이 과하다고 생각한 친구에게 제가 품었던 생각이며 행동이 그러했습니다. 그러나 맑은 분별로서의 지혜는 전혀 속성이 다릅니다. 그 근원 없음을 알기에, 근원 없음으로부터 나오는 맑은 분별을 쓸(用) 수 있다는 점입니다. 선어록을 통해 여러 조사스님들의 일화를 보면, 이런 분별을 상황에 따라 인연에 맞추어 잘 쓰셨던 것을 확인할 수 있습니다. 이렇게 분별을 상황 따라 맑게 쓰는 것을 두고, '묘용妙用'이라고 부를 수도 있습니다.

그러나 더 직접적이고 분명하게 내가 탁한 분별에 사로잡혔는지, 혹 맑은 분별을 하는지를 구분할 수 있는 방법이 있습니다. 정말로 단순하고 명쾌한 구별법입니다. 그 분별로 인하여 고통이 일어나는가? 그 분별로 인하여 내 마음이 요동치는가? 그 고통으로 인하여 내가 괴로운가? 만일 그렇다면 나는 여전히 탁한 분별을 하는 것입니다. 분별을 하는 듯하지만 사실상 분별심에 휘둘릴 뿐인 것입니다. 그렇게 분별심에 휘둘리면 실제로는 제대로 된 분별을 하지 못하는 것입니다. 스스로 선악과 시비를 잘 분별한다고 믿을지 모르지만, 여전히 선악과 시비에 휘둘리는 것입니다. 나의 생각이 옳고 나의 행동은 정당하다, 그러니 저 사람이 잘못되었다고 생각하는 분께 저는 이 한마디만 건네드릴 뿐입니다.

"그 고통이 누구에게서 일어나고 있습니까?"

♦ 육바라밀 : 일상에서 완전한 나 (보살)를 이루어가는 여섯 가지 실천법. 보시(조건 없이 베풂), 지계(계율을 지킴으로써 악을 막고 선을 행함), 인욕(참고 인내하는 것), 정진(꾸준히 용기 있게 노력함), 선정(마음을 고요하게 유지함), 지혜(진상眞相을 바르게 보는 정신적 밝음).

적당히 건강하고 적당히 행복하세요

다소 낯간지럽다고 느껴지는 말들을 잘 못 하는 편입니다. 이를테면 '응원합니다' '행복하세요'라는 말이 그렇습니다. '사랑합니다'라는 말은 저에겐 아예 어불성설 수준입니다. 이런 말을 하지 못할뿐더러, 행여 이런 말을 들을라치면 그 자리를 얼른 피하고만 싶어질 정도입니다. 나름 부모님으로부터 애정을 받으며 순탄한 유년기를 보냈던 것 같기도 하지만, 여전히 적응되지 않는 말들입니다.

그래도 그나마 글에 종종 쓰는 표현이 있습니다. '적당히 건강하고 적당히 행복하세요'입니다. 마냥 '건강하고 행복하세요'라고 하지 못하고 '적당히'라는 단서를 붙입니다. 산술적으로 측량할 수는 없겠지만, 그 적당함은 대략 8분지 정도라 여기고 있습니다. 8분지 정도 건강하고 8분지 정도 행복하면 충분하다고 생각하는 겁니다. 대신 나머지 2분지 정도는 몸이 좀 불편하기도 하고, 마음에 고통으로 다가오는 일도 있어야 한다고 생각합니다. 그 2분지 덕분에 우리가 제대로 살아갈 수 있는 기회를 얻고, 또 수행할 수 있는 여지가 생기는 것이라 믿기 때문입니다.

중학교 시절에 잠시 운동선수를 했습니다. 당시 100미터와 멀리뛰기 대전 대표로 전국 체전에 나갈 예정이었는데, 개막을 며칠 앞두고 그만 허리를 크게 다쳤습니다. 부랴부랴 치료를 받으며 정상으로 돌아오려 애썼지만 경기가 열리는 당일에도 허리가 아파 병원에 들러 진통제를 맞아야만 했습니다. 덕분에 보기 좋게 예선 탈락했습니다. 그때 허리를 다친 이후로 해마다 며칠씩 허리가 아팠습니다. 이젠 햇수로 20년이 훌쩍 넘은 일입니다. 지금도 일 년에 한두 번씩 허리가 삐끗해서 제대로 걷지도 서지도 못할 때가 있습니다. 하지만 요통을 워낙 오랫동안 치러와선지, 지금은 요령이 생겨 사흘 정도 지나면 다시 정상으로 돌아옵니다. 10년 전, 마산의 한 척추전문병원에서 MRI를 찍었는데 신경이 70퍼센트 정도 협착된 상태라고 합니다. 의사 선생님은 되도록 수술은 하지 말고 며칠 허리 아픈 게 낫겠다며 수술을 만류했습니다. 지금도 일 년에 한두 번은 허리가 아픕니다. 하지만 괜찮습니다. 아프면 아픈 대로 며칠 지나면 괜찮아집니다. 절에선 허리 아픈 핑계로 마냥 방에서 뒹굴면서 놀 수도 있으니, 꽤나 득이 되는 면도 있습니다.

나를 불편하게 하는 요통이 아니라 이따금씩 찾아오는 손님 같은 요통입니다. 없애야 할 요통이 아니라 평생 함께 가야 할 삶의 일부처럼 자리 잡은 요통입니다. 수좌는 허리가 생명이라며 주변 스님들이 걱정하는 요통이지만, 저에게는 때때로 반갑게까지 느껴지기도 하는 그런 요통입니다. 이 요통 때문에 근원적으로 '몸이란 도대체 무엇일까'를 생각하게 되었고, 또 몸을 자연스럽게 관觀하는 습관도 들였기 때문입니다. 아울러 '사람에게 고통은 무엇일까' 하는 성찰의 시간도 갖게 되었습니다.

저는 고통을 벗어나고만 싶지는 않습니다. 그보다는 시선을 바꿔, 이 고통이 무엇인지 똑똑하게 보고 싶었습니다. 이 고통이 어디서 왔으며 왜 이러한 모습인지, 저는 이것을 왜 고통으로 여기는지, 이 고통이 어떠한 방식으로 사라지는지, 그 모든 과정이며 근원을 훤히 들여다보고 싶었습니다. 아픔을 단지 아픔만으로 끝낼 게 아니라, 제 삶을 통틀어 그 아픔의 근원을 파헤쳐 보는 수행의 기회로 삼고자 했던 것입니다.

몸과 마음이라는 게 그렇게 싹둑 잘라서 구분할 수 있는 건지 지금도 잘 모르겠지만, 정신적인 고통 역시 저를 성찰하게끔 하는 기회입니다. 다만 너무 고통스러우면 이를 이겨나갈 수 있는 힘 역시 빠져버리기 때문에, 8분지 정도의 행복과 여유가 있다면 2분지 정도의 적당한 고뇌와 번민도 있어야 한다고 생각하는 것입니다. 그런데 생각해 보면 이건 고통의 양이라고만 할 수도 없습니다. 그보다는 자각의 정도라고 보는 게 옳을 수도 있습니다. 힘겨운 상황에 처해 있음에도 미소와 끈기를 잃지 않고 살아가는 사람들이 있는가 하면, 온갖 편안한 조건을 누리면서도 마음이 가난하여 고통의 양을 스스로 극대화하는 사람들 또한 있는 법이니 말입니다. 이는 고통에 대한 자각과 받아들임의 정도가 다르기 때문입니다. 한 왕국의 왕자로 태어나 누구도 부럽지 않게 살아갈 수 있었던 부처님은 고통에 대한 자각이 남달랐기에 출가와 수행을 결심했습니다. 삶과 수행에서 고통은 어느 정도 필요합니다. 그러나 고통에 대한 자각은 더욱 필수적인 요소입니다. 이 자각이 선행되어야만 자연스레 수행으로 이어지기 때문입니다.

다정한 미소와 함께 마냥 건강하고 행복하시라는 말을 건네 주는 착한 스님은 아마도 이번 생에는 포기해야 할 듯싶습니다. 저는 결코 착한 스님이 아닙니다. '원제 이 양반, 지 생겨먹은 게 뭐 어디 멀리 가겠나' 싶습니다. 그러면서 '원제 지 생겨먹은 대로 그렇게 살라지'하고 방목시키고 있는 살림 형편입니다. 어찌되었건 결론은 간소합니다.

"적당히 건강하고, 적당히 행복하세요."

여인숙

인간이란 존재는 여인숙과 같아서
아침마다 새로운 손님이 도착한다.

기쁨, 우울, 야비함,
그리고 어떤 찰나의 깨달음이
예기치 않은 손님처럼 찾아온다.

그 모두를 환영하고 잘 대접하라.
설령 그들이 그대의 집 안을
가구 하나 남김없이 난폭하게 휩쓸어 가버리는
한 무리의 아픔일지라도.
그럴지라도 손님 한 분 한 분 정성껏 모셔라.
그대의 내면을 깨끗이 비우는 중일지도 모르니.

어두운 생각, 부끄러움, 미움,
그 모두를 문 앞에서 웃음으로 맞아
안으로 모셔들어라.
어떤 손님이 찾아오든 늘 감사하라.

그 모두는 그대를 인도하러

저 너머에서 보낸 분들이니.

페르시아 신비주의 시인인 루미의 〈여인숙〉이라는 시입니다.

우리는 우리 존재의 실체가 있다고 생각합니다. 하지만 루미는
감지했습니다. 우리의 실체는 무엇을 형성함으로서의 잡을 수 있고,
의미를 지울 수 있는 그런 의미의 실체가 아니라, 비어있음으로서의
아무런 의미도 없는 그런 말끔한 바탕과 같다고 말입니다. 비어있음이
진정한 나입니다.

비어있기 때문에 그 모든 것들이 오갈 수 있습니다. 기쁨, 우울,
야비함, 어두운 생각, 부끄러움, 미움, 그 모든 것들이 우리를 거쳐서
지나가는 것들입니다. 나는 단지 비어있음이기에, 그 모든 생각이며
감정들이 나를 지나가는 것을 허용해 줄 수 있는 겁니다.

단지 선택하지만 않으면 됩니다. 기쁘고 즐거우며 행복한 것들만 고르
려는 그 마음만 없으면 됩니다. 그 모든 선택을 과감히 포기하면 됩니
다. 다만 받아들이고 허용해 주면 됩니다. 그러면 기쁨도 이미 진리며,
우울도, 야비함도, 어두운 생각도, 분노도, 그 모든 게 이미 다 진리로
서 드러나게 되어있습니다. 진실한 우울이고, 진실한 야비함이고, 진
실한 분노입니다. 진실하지 않은 건 없습니다. 긍정적이지 않은 것이
라고, 좋은 것이 아니라고 생각해버리려는 나의 착각만 떠날 뿐입니
다. 그런 분별로 말미암아 무언가를 취하고, 그것으로 나를 삼으려는

223

그 욕심 때문에 나를 꾸미는 것이고, 나를 감싸는 것이고, 또한 나로 만나지 못하는 것입니다.

나를 찾아오는 그 생각과 감정이란 모든 손님들을 정성껏 모시고 받아들여야 합니다. 그것들이 결국에는 당신을 비우고, 당신을 당신의 본자리로 인도하려 손수 찾아온 손님들이기 때문입니다. 모두 다 귀중한 손님들입니다. 그리고 나는 그 귀중한 손님들을 맞아들이고 또한 보내드리는, 그런 텅 빈 여인숙과 같음을 자각할 일입니다.

그 손님들은 왜 왔을까요?
부처가 부처를 보내, 부처로서 부처를 깨닫게 하기 위함입니다.

그 손님들은 누가 보냈을까요?
당신이 당신을 보내, 당신으로서 당신을 깨닫게 하기 위함입니다.

정화와 감화

광복 후 불교계 내에서도 왜색 불교에 대한 정화 과정이 있었습니다. 본래 비구승들이 살고 있던 절들을 일제강점기에 대처승들이 차지했는데, 일제가 물러나면서 다시 비구승들이 본래 있던 절에 들어서는 과정을 '정화'라고 하였습니다. 말로는 정화라고 하지만, 실제 내용으로는 비구승들이 대처승들을 강제로 절에서 쫓아내는 과정이었습니다. 당시에 많은 큰스님들이 이 정화 과정에 참여를 하셨지만, 유독 성철 스님과 저의 은사 스님은 그러지 않으셨습니다. 이 정화의 명분과 당위를 인정하시면서도, 정화의 방법이 달랐습니다. 성철 스님이나 향곡 스님, 청담 스님, 그리고 저의 은사 스님이신 법전 스님은 결사를 통해서, 바깥의 정화가 아니라 스스로의 정화를 이루어내려고 하셨습니다. '부처님 법대로 살자'는 것을 기치로 내세우며, 본래의 수행 전통 불교로 돌아가 선풍을 다시 일으키는 결사야말로 가장 절실한 정화라고 생각하신 것입니다. 이것이 바로 그 유명한 '봉암사 결사'의 시작이었습니다.

　근래 많은 사람들이 불교계의 정화를 이야기합니다. 그런데 내용의 대부분은 어느 인물이나 조직, 사건 등에 치중되어 그것을 바꾸어야 한다고 주장하는 면이 강합니다. 절에 사는 스님이기에 저도 그 내용은 대략 압니다. 그 주장이 틀린 것은 아닙니다. 하지만 저는 대상만 보고, 대상에만 치중하는 그런 정화에는 참여할 생각이 없습니다.

저는 성철 스님과 법전 스님의 후손입니다. 절집에 들어와 이들 스님의 제자가 된 것은 단지 문중의 일원으로 들어온 사실만이 아니라, 어른 스님들의 가풍 영향도 받으리란 생각이 들기도 합니다. 그렇기에 저는 본래 자신으로 돌아가는 스스로의 정화, 근원으로의 정화가 가장 중요하다고 말합니다. 저는 대상의 정화를 말하지 않습니다. 바깥사람이나 조직, 사건을 정화하는 것보다도 내 스스로의 정화가 가장 근간이 된다고 믿고 있습니다.

가장 근본이 되어야 할 것은 안목의 정화이지, 바깥 대상의 정화가 아닙니다. 바깥 대상의 정화는 정화가 아닌 대체입니다. 단지 이것에서 저것으로 바뀌는 수준의 변화일 뿐입니다. 하지만 안목의 정화는 다릅니다. 나만 바뀌는 것이 아니라, 동시에 사람도 바뀌고 세상도 바뀝니다. 이 전체가 바뀝니다. 이 전체가 바뀔 때에야 비로소 근본의 정화라고 부를 수 있지, 고작 사람 바꾸고 상황 바꾸고 하는, 임시적이고 불완전한 대체를 두고 결코 정화라고 부를 수는 없는 것입니다.

이 안목의 정화가 가장 근본이 됩니다. 이를 통해서야만 동시에 사람이며 세상 전체가 온통 변화하고 제대로 살아나는 일입니다. 그 모든 사람이며 사회에 대한 행동과 참여는 이 안목의 정화를 바탕으로 해서 시작되어야 한다고 믿습니다. 수행을 통한 안목의 정화를 도외시하고, 스스로를 제대로 정화하지 않은 상태에서, 바깥으로만 시선이 팔려 이 사람 나쁘네, 저것은 잘못되었네, 이것으로 바꾸세, 저것으로 재정립하세, 하는 말들은 사상누각의 일들입니다. 자기 자신이 누군지도 모르는데, 바깥의 대상들만 바꾸려는 착오입니다.

우리는 이 근간이 되는 안목의 정화에 철저해야 합니다. 이 근간을 버리고 대상만 바꾸려 하는 것을 정화라고 한다면 정말 큰 착각입니다. 본래 정화되어 있는 이 자리를 모르고, 온갖 시비와 분별에 휘말리고 그것을 실천이라고 행동이라고 합니다. 하지만 진정한 실천과 행동은 실천하는 바 없음으로 실천하는 것이고, 행동하는 바 없음으로 행동하는 겁니다. 이러할 때에야 비로소 제대로 실천하는 것이고 제대로 행동하는 겁니다. 그러나 근원으로 돌아감이 없다면, 그 기반이 미약하다면, 도리어 내가 그 실천과 행동으로 인해 대상들에게 휘둘리게됩니다. 그렇기에 저는 근본으로 돌아가는 것이 가장 중요하다고 말합니다. 스스로의 안목의 정화가 가장 기본이 되는 것입니다.

안목의 정화가 일어날 적에 감화라는 것도 일어납니다. 저는 이감화야말로 진정한 변화라고 보고 있습니다. 안목의 정화가 맑고 크게 일어나는 만큼, 감화의 영역은 점차 커집니다. 사실 이 감화에는 크기나 모양, 시간 등의 조건이 없습니다. 하지만 이러한 조건들에 구속되지 않고, 모든 조건들로 자유롭게 나타남이 진정한 감화의 모습입니다. 성철 스님은 바깥의 대상을 변화시키는 방식의 정화에 참여하신 적이 없습니다. 언제나 스스로의 근원으로 향한 정화가 중요하다고 말씀하셨습니다. 성철 스님이 비록 대상의 정화에 참여하지 않으셨어도, 왜색 불교의 정화 작업에 몸소 참여한 그 어떤 스님들보다도, 나중에는 수많은 사람들의 마음에 감동이라는 감화를 주셨고, 실로 수많은 사람들이 출가해서 수행하게끔 하는 발심의 감화도 주셨습니다. 성철

227

스님만 그렇겠습니까. 사실 우리가 상상도 못할 2,600년 전에 머나먼 이국에서 태어나신 부처님도 지금의 우리에게 이렇듯 시공간에 걸릴 바 없이 큰 감화를 주시는 분이 아니신가요.

진정한 감화란 이런 것입니다. 마음이 모양과 시간, 대상에 구속됨이 없듯이, 마음과 마음이 서로 감동하여 통하는 감화는 무궁무진한 변화를 끌어낼 수 있는 거대한 힘이 있습니다. 그리고 이러한 감화는 스스로의 깨달음, 안목의 정화에서 비롯되는 것이지, 행위의 유무 여부나, 대상의 탈바꿈에서 일어날 수 있는 게 아닌 것입니다. 비록 안목의 정화가 어려운 일이라 하더라도, 저는 끝까지 안목의 정화를 이야기할 것입니다. 이것이 그 모든 변화의 출발점이며 진정한 감화의 자양분이 되기 때문입니다.

5장

그물에서 바람으로

아무것도 아닐 때 비로소 아무거나 될 수 있다

그물과 흐름

마음은 여러 형태의 분별이라는 그물망을 치고 있지요. 그 망의 날줄과 씨줄이 각기 선과 악, 시와 비, 애와 증, 유와 무, 생과 사와 같은 것들이죠. 그런데 '그 어떤 하나의 일'이 다가와 이 그물망의 날줄과 씨줄에 착 달라붙어 버립니다. 이로써 복과 죄라는 것이 생겨납니다. 씨줄과 날줄로부터 선과 악, 시와 비로부터 양분을 받는 복과 죄는, 복력과 죄의식으로 무럭무럭 자라납니다.

그런데 어떠한 이유로건, 이 마음의 그물망이 사라져버리면 어떨까요? '그 어떤 하나의 일'이 왔다가도, 달라붙을 수 있는 씨줄과 날줄이 없어져버린 까닭에 하는 수 없이 그냥 지나가버리는 수밖에 없습니다. 복과 죄는 생겨나지도 않고, 복력이나 죄의식으로도 자라날 가능성이 사라져버립니다. 그렇게 해서 '그 어떤 하나의 일'은 흐름이 됩니다. 그 누가 흐르는 붊에게 죄를 따져 물을 수가 있겠으며, 그 누가 지나가는 바람의 복량을 측정할 수 있겠습니까. 씨줄과 날줄에 고정되어 버리면 복도 되고 죄도 되지만, 결코 고정될 수 없는 흐름은 죄도 없고 복도 없습니다.

당신이 사실 '그 어떤 하나의 일'이고, 당신이 본래 그 흐름으로써 살아 왔습니다. 흐름인 당신에게 사실 죄라는 건 없습니다. 당신 스스로 친 그 씨줄과 날줄로 엮인 그 그물망에 걸려들지 않는 이상 말이죠.

이젠 그 그물 치워버릴 때가 되지 않았나요?

걸림돌과 디딤돌

망상을 버리기 위해서 수행하는 게 아닙니다. 욕심과 성냄과 어리석음
이 있어 줬기에, 그러한 망상들 덕분에 공부를 해나갈 수 있는 겁니다.
이 하찮은 몸뚱이에 대한 집착을 벗어던지기 위해 수행하는 게 아닙니
다. 이 몸이 힘들고, 아프고, 죽어 주기도 하는 그 덕분에 우리가 공부
를 해나갈 발심發心과 동력을 얻을 수 있습니다.
이렇듯 망상이며 몸은 우리가 수행해나가는 데 참 소중하고 고마운 기
회들입니다.

걸리면 걸림돌.
디디면 디딤돌.

걸리면 우리의 앞길을 방해하는 걸림돌일 뿐이지만, 디디면 우리를 한
발 한발 나아가게 도와주는 디딤돌이 됩니다.

가랑비

가랑비에 옷 젖는다, 라는 말이 여러모로 맞는 말이지만
가랑비엔 옷 젖으리라, 라는 말을 즐겨 쓰는 편입니다.

삶이라는 드라마의 끝

한 선배 스님에게서 전해 들은 이야기입니다. 어떤 스님이 어느 절에서인가 천일기도를 마치는 날, 마지막으로 내림목탁을 치는 순간 목탁이 쩍 하니 벌어지며 깨져버렸다고 합니다. 목탁 깨지는 거야 흔한 일이지만, 쩍 벌어졌다는 말은 여태껏 들어 보지 못했습니다. 그것도 하필이면 천일기도를 회향하는 날, 마지막 내림목탁 때였다는 것은 보통 기연이 아닙니다. 그런데 그 뒷이야기도 흥미롭습니다. 기도에 참석했던 한 신도가 생각하길, 스님께서 목탁이 쩍 벌어질 정도로 기도를 정성껏 해주신 덕분에 큰 공사의 수주를 따냈다며, 스님에게 절을 지어 주는 공양을 올렸다는 것입니다. 네, 참 재밌고도 대단한 이야기입니다.

얼마 전 대구에서 한 지인을 만나 비슷한 이야기를 들었습니다. 누군가가 유명한 기도처에서 어떤 내용의 기도를 했는데, 어떻게 기도를 한 덕분에, 어떠한 결과가 나타났다고 했습니다. 절집에는 이런 이야기들이 많습니다. 그런데 비단 절집뿐이겠습니까. 아마 교회와 성당에서도 흔한 내용의 이야기일 것입니다. 저는 이 말을 전한 지인에게 말했습니다.

"그게 다 이야기입니다. 그런데 수행은 그런 이야기를 끝내기 위해서 하는 것이고요."

사람은 이야기에 의존해서 살아갑니다. 우리 삶에는 수많은 이야기들이 있습니다. 이야기를 통해서 삶이 펼쳐지고 이어집니다. 삶은 이야기를 필요로 하고, 이야기를 통해서 삶은 유위의 생동감을 얻습니다. 그런데 만일 어떤 이유로건 이야기가 없어진다면요? 이야기가 없으니 삶이 당연히 재미없게 되는 것일까요? 혹 삶이 단조로워지는 걸까요?

아닙니다. 사실 의문의 중심은 이야기가 있고 없고의 문제가 아닙니다. 이야기 없는 것을 견뎌낼 사람이 없다는 것, 이것이야말로 핵심입니다. 이야기는 사람의 존재감과 함께 가게 되어있습니다. 우리는 이야기를 듣고 상상하면서 삶의 방향을 잡습니다. 누군가가 무슨 기도를, 얼마나 정성들여서 했기에, 어떤 좋은 일이 생기게 되었다는 식으로 이야기가 들어오게 되고, 이를 통해서 우리가 어떻게 행동해야 할지에 대한 방향이 설정되는 것입니다. 그러나 여기에서 이야기만 보면 안 됩니다. 그 이야기의 중심에 바로 '내'가 있다는 점을 보아야 합니다. 이야기를 통해 나의 존재감이 확인되고, 행동 방향이 결정되며, 나의 욕망이 확장되어 가는 것을 면밀히 보아야 한다는 겁니다.

이야기와 나는 공생共生합니다. 이야기를 통해 형성된 기도의 모습이 어떻습니까? 대부분의 사람들은 더 노력하면, 더 절실하면, 더 좋은 것을 얻으리라는 생각으로 기도를 합니다. 기도의 최종 목적은 더 좋은 것을 얻으리라는 기대와 열망입니다. 이 기대와 열망이 욕망과 다를 바가 무엇인가요. 그리고 그 욕망의 중심에 내가 있다는 점은 왜 보지 못하는 걸까요. 이런 기도는 제대로 된 기도도 아니고 수행 역시 아닙니다. 이건 거래일뿐입니다. 이야기라는 것을 통해서, 내가 원하고, 내가 벌이고, 내가 탐착하고, 또한 내가 묶여버리는, 삶의 너저분한 속임수입니다. 진정한 수행은 이 거래를 멈추는 것입니다. 그리한다면 이야기를 거쳐서, 이야기로서 존재하고, 이야기로 살아가야만 했던 '나' 또한 멈춰지게 되어있습니다.

이야기를 끝내야 한다고 말했을 때, 저는 지인과 함께 대구 동성로 도로의 한 횡단보도 앞에 서 있었습니다. 횡단보도 반대편에는 빨간 신호등이 밝게 빛나고 있고, 차들은 쌩쌩 소리를 내며 줄기차게 지나가고 있었으며, 도로에서 생겨난 바람이 온몸으로 달려들었습니다. 보통 수행이라고 하면 '지금 여기'에 집중하고 노력하는 것이라고 말합니다. '지금 여기'를 수행의 대상으로써 삼지만, 사실상 수행의 최종 결과가 '지금 여기'이기도 합니다. 그러나 진정한 '지금 여기'는 수행을 하고 말고에 관계된 것 또한 아닙니다. 수행을 하던 안 하던, 우리는 근본적으로 '지금 여기'를 벗어난 적이 없기 때문입니다. 그리고 엄밀히 보자면 '지금 여기' 시간으로서 지금도 아니고, 장소로서의 여기 또한 아닙니다. 우리가 관념으로 보고 느끼는 그런 시간과 장소가 아닙니다. '지금 여기'는 환하게 열린 '전체'입니다.

이 전체에는 시간과 장소가 없습니다. 다만 시간과 장소가 이 전체의 공능功能으로 상황에 알맞게 드러나는 것일 뿐입니다. 그리하여 신호등의 붉은 빛이, 차들의 쌩쌩 소리가, 온몸으로 와 닿는 바람이, 온전한 진실로서 바로 눈앞으로 확인되는 것입니다. 이는 그 어떤 대단한 내용이 아닙니다. 이 전체라는 바탕에서 그 모든 내용과 대상들이 한결같이 진실한 것들로 드러나는 것뿐입니다. 법法이란 이렇게 펼쳐지고, 또한 이렇게 확인되는 것입니다. 삶의 내용들에 속지 않을 때, '나'라는 작은 중심을 벗어나 전체로 펼쳐질 때, 이야기가 끝났을 때, 내가 멈춰질 때, 비로소 삶의 그 모든 순간이 진실하게 펼쳐지는 것입니다.

예전에 이 지인에게 '삶이라는, 내가 쓰는 이야기에서 벗어나야 한다'고 말한 적이 있습니다. 에크하르트 톨레가 쓴 책의 문장도 인용했습니다. '삶이라는 드라마의 끝.' 그럼 삶이라는 드라마가 끝나면 어떻게 되나요? 지금 눈앞의 삶이 더이상 없는 것인가요? 설마 그럴 리가요. 도대체 이 삶이라는 게 언제 시작한 적이 있고, 또 언제 끝난다고요. 모두 다 말입니다. 개념이고 생각입니다. 시작하는 것도 끝나는 것도 없을 때, 삶은 온전하게 펼쳐지고 진실하게 흘러가게 되어있습니다.

말에 속지 않을 때 비로소 말을 제대로 쓸 수 있는 것처럼, 개념과 생각의 내용들에 휘둘리지 않을 때, 개념과 생각을 진실하게 써먹을 수 있는 것입니다. 그때부터 내가 쓰는 드라마는 끝이 나고, 전체라는 진실한 삶이 펼쳐지게 되는 것입니다. 그와 동시에 그 모든 조건과 인연에 알맞게 노릇하는 내가 나타나게 되어있습니다. 이 노릇하는 나로서 살아갈 적에, 진실한 드라마가 흘러가게 되어있습니다.

비움의 공덕

한 선배스님 이야기입니다. 스님이 강원을 졸업하고 율원에서 계율을 배우며 '스님'에 대한 자부심이 한껏 높았을 때였습니다. 그러던 어느 날 스님이 만행을 하는 중에 시장 앞 노점에 앉아 있는 노스님을 보게 되었습니다. 정갈해 보이지 않는 행색은 둘째 치고 노스님 앞에는 술과 고기 안주가 떡 하니 놓여 있었습니다. 이 모습을 본 선배스님은 낯이 화끈거렸습니다. 시장 한복판에서 술판을 벌이고 있는 노스님의 모습은 이제 막 율원을 졸업한 스님에게는 납득할 수 없는 일이었습니다. 비록 본인이 어리다 하더라도 선배스님은 노스님을 경책해야겠다고 마음먹었습니다. '술 마시고 고기 먹는 게 무슨 큰 잘못이냐', '네가 뭐기에 이래라 저래라 하느냐' 등 노스님의 반발을 미리 머릿속으로 예상하면서 대꾸할 준비도 단단히 했습니다. 그러고는 노스님 앞으로 가 호통치듯 말했습니다.

"아니, 스님이 되어서 이 벌건 대낮에 저잣거리에서 술과 고기를 드시면 되겠습니까!"

그런데 정작 노스님의 반응이 예상과 달랐습니다. 노스님은 젊은 선배스님을 물끄러미 쳐다보고 난 뒤, 천천히 자리에서 일어나 옷매무새를 가지런히 가다듬었습니다. 그러고는 정중하게 허리를 숙여 합장하며 말했습니다.

"늙은 중이 못나서 죄송합니다. 용서해 주십시오…."

마음속으로는 노스님과 한바탕 싸울 각오였건만, 노스님이 스스로를 낮추며 나오니 선배스님은 할 말이 떠오르지 않았습니다. 대화는 더이상 이어지지 않았고, 선배스님은 하는 수 없이 그 자리를 떠날 수밖에 없었습니다. 머릿속으로 미리 그려둔 진탕과 같은 대화가 그저 한순간 맥없이 사라지고 허탈한 마음이었습니다. 그러고는 스스로에게 물었습니다.

'도대체 무슨 일이 벌어진 걸까….'

우리가 남들과 불화를 일으키는 가장 큰 원인은 바로 '나는 옳고 너는 그르다', '내 생각이 맞고 네 생각은 잘못되었다'라는 분별심일 것입니다. 혹은 '나의 삶을 두고 네가 평가하고 간섭할 자격은 없다'라는 것이 그 다음 원인쯤이 될 것입니다. 스님 신분으로 시장 한복판에서 술을 마시고 고기 먹는 건 물론 좋은 모습이 아닙니다. 선배스님의 생각과 말이 잘못되지는 않았습니다. 하지만 오히려 옳고 그름을 떠나 지혜로운 대처를 한 것은 바로 노스님이었습니다. 노스님은 선배스님의 지적에 자신이 잘못했음을 바로 인정했습니다. 더군다나 한참 연식이 아래인 젊은 스님에게 예의를 갖추고 자신의 부족함에 대한 양해를 구했습니다. 스스로 부족하다는 사실에 대한 솔직한 인정과 이를 지적한 상대방에 대한 가지런한 예의가 노스님의 지혜로움이었습니다.

그런데 무엇보다 노스님이 지혜로웠던 것은 싸움이 될 법한 상황을 만들지 않았다는 점입니다. 보통의 경우라면, '어디 어린 게 어른한테 소리를 치냐'는 식으로 내용과 상관없는 태도를 문제 삼아 상대를 인신공격하기 일쑤입니다. 그런데 노스님은 오히려 자신의 옷매무새를 가지런히 하고 공손하게 젊은 스님을 상대했습니다. 당신의 생각이나 자존심을 내세우지 않고 상황을 말싸움으로 몰아가지 않았습니다. 보통 내공이 아닙니다.

물론 살다 보면 시비를 명확하게 가려야 할 때가 있습니다. 그러나 옳고 그름을 칼로 자르듯 분간하는 일이 그다지 현명하지 않은 경우가 많습니다. 노스님의 대응에서 보듯 어떠한 상황이 옳으냐 그르냐를 따지려는 태도보다는 상황을 '인정'하고 '수용'하는 게 훨씬 현명하고 원만한 대응일 수도 있습니다. 이것이 물론 말처럼 쉬운 것은 아닙니다. 상대방을 인정하고 그 지적마저도 수용하려면, 무엇보다 내 자신이 가지는 생각과 스스로에 대한 고집이나 집착을 내려놓아야 하기 때문입니다.

우리가 살면서 겪고 치러야 하는 번뇌와 갈등의 근원은 '나'를 고집하는 것에서 비롯되는 것들이 많습니다. '나'를 중심에 두고 '나'를 고집함으로써, 그 모든 문제들이 발생합니다. 그러나 수행을 하면서 내 생각을 점차로 내려놓으면서 마음을 비우면, 점차 '내'가 아니라 '상황'이 자리를 잡게 됩니다. '상황'이란 무상하여 끊임없이 변해가는 전체의 일련된 흐름입니다. 어느 정도 마음이 쉬어지면, '나'라는 작은 중심에서 벗어나 전체라는 '상황'을 볼 수 있는 안목이 생기게 됩니다. 이런 안목이 생길 적에 동시에 여유를 갖출 수도 있게 됩니다. 우리는 이 다채롭게 펼쳐지는 상황에 적절하게 대응할 뿐입니다. 나의 생각을 고집하면 다툼과 고통이 잦습니다. 노스님은 나를 고집하지 않고 상황을 보았습니다. 스스로 많이 비우신 분이었던 겁니다. 이 비움의 공덕이 시장 한복판에서 스님 둘이 언성을 높이며 싸우는 낯 뜨거운 장면을 만들지 않았고, 젊은 스님으로 하여금 스스로의 생각과 행동을 되돌아보게끔 여지를 준 것입니다.

나를 고집하고 나를 내세우면 실로 많은 문제와 갈등 상황이 벌어집니다. 그러나 나를 고정하지 않고 나에 대한 상을 비운다면, 삶은 훨씬 수월하고 편해집니다. 잘나고 옳은 내가 있음으로써 삶이 윤택해지는 것이 아니라, 도리어 나를 비움으로써 삶에서 자유로워지는 것입니다. 비움이 자유이듯, 무아無我는 곧 열반涅槃입니다. 사실 지혜라는 것도 알고 보면, 달리 정해져 있는 고귀하고 바른 생각 같은 게 아닙니다. 나를 비움으로써 적절히 처신하게 되는 말과 행동 모두가 지혜의 다양한 모습이기 때문입니다.

노스님의 텅 빈 마음은 마치 허공과도 같습니다. 젊은 스님은 횃불을 들어 노스님이 보인 행동의 옳고 그름을 명확하게 가려내려 했습니다. 그러나 횃불은 절대로 허공을 태울 수도, 허공을 비춰낼 수도 없습니다. 오히려 허공은 횃불이 잘 일어나고 또 잘 사그라질 수 있도록 자리를 내어 줍니다. 이것이 바로 비움의 공덕입니다. 모양으로써 크게 만드는 것이 절대 큰 게 아닙니다. 비움으로써 그 모든 것들을 온전히 받아들이는 게 진정으로 큰 것입니다. 잘난 나, 옳은 나를 정립하는 게 수행의 목적이 아닙니다. 나마저도 비움으로써 어떤 사람이건 어떤 상황이건 적절하게 수용하여 지혜롭게 대처하며 살아감이 수행하는 근본 뜻이 됩니다.

마음을 크게 하는 좋은 방법이 있습니다. 그건 비우는 것입니다.
비우는 만큼 마음은 커집니다.
비워서 커지고, 커지면서 비워지기에, 사람도 들어오고
세상도 들어오고 온갖 일도 다 들어옵니다.
그 어느 것이 오더라도 다 받아들입니다.

세상이 숨을 쉰다

초등학교 3학년 즈음의 일입니다. 집에 놀러온 친구가 고개를 숙인 채 땅바닥을 한참 쳐다보고 있었습니다. 뭘 보나 하고 가까이 가보니, 친구는 땅에 떨어지는 자신의 코피를 보고 있었습니다. 놀란 마음에 저는 얼른 방에서 휴지를 가져와 건네 주었습니다. 하지만 친구는 휴지를 손에 들고만 있을 뿐, 계속해서 코끝에서 떨어지는 코피가 땅에 스며드는 모습을 쳐다보고 있었습니다. 빨리 코를 막으라고 했지만, 친구는 대꾸하지 않았습니다. 친구에겐 코피를 막는 건 그다지 중요하지 않은 일인 듯했습니다. 그렇게 한 방울씩 톡톡 떨어진 코피가 흙 속으로 스며드는 모습을 친구는 말없이 쳐다만 볼 뿐이었습니다. 친구가 가고 난 뒤 저는 생각했습니다. 왜 그랬을까. 왜 코피를 닦지 않고 땅에 스며드는 모습을 쳐다만 보았을까. 친구의 그 모습을 돌이켜보고 난 뒤 제가 느낀 솔직한 감정은 뜻밖의 것이었습니다. 그건 '부러움'이었습니다.

친구에게는 코피 막는 일 따위는 별로 중요한 게 아니었습니다. 저는 코피가 나면 막아야 한다고 생각만 했지, 코피를 관찰할 생각은 단 한 번도 하지 않았던 것입니다. 친구의 그런 생각이 부러웠습니다. 코피가 땅속으로 스며들며 사라지는 모습에서 친구는 무언가를 보았지만 저는 그러지 못했습니다. 그게 도대체 무엇일까. 저는 다짐했습

246

니다. '나도 코피가 나면 코피가 땅에 스며드는 걸 봐야지.' 며칠 뒤 정말 코피가 났습니다. 얼른 마당으로 뛰어나갔습니다. 마당에 쪼그려 앉아서 코피가 떨어지는 모습을 보았습니다. 그러나 생각처럼 되지는 않았습니다. 관찰하고 말고 할 새도 없이 코피는 겨우 두어 방울 떨어지고 끝이었습니다. 아쉬웠습니다. 어쩌면 겁이 났는지도 모릅니다. 코피가 더 나도록 코를 후빌 생각을 내지는 못했던 것입니다. 여전히 아쉬웠습니다. 더 코피가 나면 좋았을 것을…, 코피를 더 흘렸다면 나도 친구가 본 무언가를 볼 수도 있었을 텐데….

그 뒤부터 무언가를 골똘하게 쳐다보는 습관이 생긴 듯합니다. 학교 수업을 마치고 집으로 돌아오는 길에 종종 바위에 앉아 하늘을 오랫동안 바라보곤 했습니다. 그러던 어느 날 아주 기묘한 체험을 했습니다. 한참 하늘을 뚫어져라 쳐다보는데, 문득 하늘이 숨을 쉬고 있는 것처럼 느껴졌습니다. 처음엔 제가 내쉬는 숨인가 했습니다. 하지만 제 숨이 아니었습니다. 분명 하늘이 숨을 쉬고 있었습니다. 그러나 그 숨은 눈으로 보이는 것이 아니었습니다. 소리로 들을 수 있는 것도 아니었습니다. 보이지 않고 들리지 않지만, 천천히 고르고 느린 숨을 하늘이 내쉬고 있음을 분명하게 느꼈습니다. 그런데 자세히 보니 하늘만이 아니었습니다. 땅을 내려다보면 땅이 숨을 쉬고 있었고, 나무를 쳐다보면 나무가 숨을 쉬고 있었고, 개울물을 쳐다보면 개울물이 숨을 쉬는 있다는 것을 느낄 수 있었습니다. 세상의 그 모든 것들이 숨을 쉬고 있었습니다. 보이지 않고 들리지 않는 그런 기묘한 숨이었습니다. 그때 알았습니다. 이 세상이 보이지 않고 들리지 않는 신기한 숨을 쉬고 있다는 것을 말입니다.

스무 살이 넘어 산스크리트어로 '릴라lila'라는 말을 알았습니다. 릴라는 '우주에서 벌어지는 그 모든 신성한 유희'라는 뜻이었습니다. 열 살 때 느꼈던 그 숨이 어쩌면 '릴라'였으리란 생각을 했습니다. 온 세상의 그 모든 것들이 그만의 숨을 쉬며 생생한 유희로 환하게 펼쳐지고 있던 것이었습니다.

갇혀 살 때는 모릅니다

"우리 기독교인 대부분은 십계명의 제 1계명을 어기고 살고 있습니다. 첫 계명은 '나 이외의 다른 신을 섬기지 말라'입니다. 사실 진실한 하나님은 단 한 분뿐입니다. 그러나 이 하나님은 나이도 없고 성별도 없으며 모양도 없고 소리도 없고 심지어 이름도 없습니다. 그래서 하나님이라고 부른다면 그것 또한 어찌 보면 하나님을 져버리는 행위입니다. 하지만 우리 기독교인들은 이 모양 없고 가닿을 수 없지만 언제나 우리와 함께 계신 이 분을 버리고, 따로 하나님을 만들어버렸습니다. 그리고 그 하나님이 기독교라는 종교에만 있고 다른 종교에는 없다고 합니다. 부처님이나 다른 신들은 가짜라고 합니다. 그러나 진정한 하나님은 무궁무진하여 안 계신 곳이 없지만, 기독교인들 스스로 기독교라는 영역을 만들고 그 안에 하나님이란 이름으로 가둬버린 것입니다. 그러고는 나의 하나님, 나의 기독교, 나의 믿음, 우리의 천국, 우리의 형제님, 우리의 자매님을 만들고 그 안에 갇혀 살고 있습니다. 진정한 하나님은 결코 갇히실 분이 아니고, 언제나 환하게 툭 트여 모든 곳에 임하시지만, 기독교인들 스스로 이름으로, 모양으로, 생각으로 하나님을 교회 안으로 가두어버렸습니다. 지금의 상당수 기독교인들은 이 기독교라는 틀 안에 갇혀진 '다른 신'을 섬기고 있는 것이지, 진짜 하나님을 제대로 영접하지 못하고 있습니다. 그 모든 곳에서 모든 것으로 자유로운 진정한 하나님을 떠나, 나만의, 우리의, 기독교만의 가짜 하나님을 만들어 모시고 있는 것입니다."

이러한 말을 두 사람에게 하게 되었습니다. 한 분은 신학대 교수님이었고, 다른 한 분은 평범한 기독교인이었습니다. 제 말을 듣고 이분들이 과연 어떻게 반응할지 궁금했습니다. 교수님은 저에 대한 안타까움을 느끼는 표정으로 제 말이 왜 틀렸는지 조목조목 설명해 주셨습니다. 그러나 사실 저에게 제가 하는 말들의 시비 여부가 중요한 것은 아니었습니다. 관심은 하나였습니다.

'통通할까?'

교수님은 통하지 않고, 뜻밖에도 평범한 크리스천이신 분과 통했습니다.

갇혀 살 때는 모릅니다. 내가 갇혀 살고 있는지. '나'를 벗어나 전체로 살 적에야 비로소 그간 갇혀 살았다는 사실을 알 뿐입니다. 내가 '나' 때문에 갇혀 살았다는 것을 그제야 뒤늦게 아는 것입니다. 그러면서 신기하게 느껴질 뿐입니다. 전체로 사는 게 이처럼 당연하고 자연스러운 일인데, 왜 그토록 갇혀 살았을까. 이러한 사실이 신기하게 느껴지는 것입니다. 자유가 신기한 일이 아닙니다. 구속이야말로 도리어 신기한 일입니다. 진리가 아득한 게 아닙니다. 삶이 도리어 생생해지는 것입니다.

갇혀 살 때는 모릅니다. 사람 몸에 갇혀 사는 것도, 생각에 갇혀 사는 것도, 기독교에 갇혀 사는 것도, 심지어 불교에 갇혀 사는 것도,

기실 나 때문에 갇혀 살게 되었다는 사실을 벗어날 때에야 비로소 자연스럽게 수긍하는 것입니다. 그렇다면 갇힘을 벗어나 전체로 온전히 산다면, 정말 그때부터는 그 어떤 구속 없이 완전한 자유로 사는 것일까요? 그 어느 것에도 걸리지 않는 자유일까요? 자유라는 것이 정말 그렇게 걸리지 않는 의미일까요? 아닙니다. 그런 일은 결코 없습니다.

진실한 자유란, '벗어나는 자유'가 아니라 '걸리는 자유'입니다. 상황과 조건을 부정하고 벗어나는 자유가 아니라, 그 어떤 상황과 조건이든 수긍이 되고 받아들여지는 자유입니다. '나'라는 작은 중심은 구속에서 벗어날 수 없지만, 이 '전체'라는 열림은 결코 구속될 수 없습니다. 전체로 열릴 적에야 비로소 구속으로 보였던 그 모든 상황과 조건들이 진실함으로, 그리고 온전함으로 펼쳐집니다. 그러나 '나'에 갇혀 사는 이상 결코 모릅니다. 전체로 펼쳐질 때에야만 말없이 고개를 끄덕일 뿐입니다. 그럴 적에 스스로 걸려들고, 자유로이 구속될 수 있습니다. 이 진실함과 온전함을 결코 벗어날 수 있는 게 아님이 명백해지기 때문입니다. 이 전체 안에서 그 모든 자유와 구속이 반대의 의미가 아니라, 진실한 드러남이 될 적에 진정한 자유입니다. 그러할 때에야 우리는 그 모든 상황과 조건에 구속되는 자유를 마음껏 누릴 수 있고, 자유로이 그 모든 상황과 조건으로 구속될 수 있는 것입니다.

《달마 어록》에 나오는 문장입니다.

'천녀는 도를 깨닫고 여자의 몸을 바꾸지 않았고, 찬타카는 진리를 깨달아 자신의 천한 이름을 바꾸지 않았다.'

순종과 자유

선원 다각실에서 커피를 마시고 있는데 한 스님이 물었습니다.

"스님, 스님이 졸업한 서강대학교 교훈이 '평범한 사람이 되자'라면서요?"

"네? 그런 말 처음 들어 보는데요?"

"제가 아는 분이 서강대학교 출신인데 그렇게 말하더라고요."

교훈이 있었나? 그게 뭐였지? 잠시 생각한 뒤에야 그분이 왜 그렇게 이해했는지를 알았습니다. 제 모교인 서강대학교 교훈은 '진리에 순종하라'입니다. 라틴어로 'Obedire Veritati.' 진리에 순종하라는 것을 그런 식으로 해석해 받아들인 것입니다. 반면 근처에 있는 연세대학교의 교훈은 '진리가 너희를 자유케 하리라'입니다. 요한복음 8장 32절에 나오는 말씀입니다. 대학 시절에 연세대는 '자유'인데, 왜 우리는 '순종'이냐며 투정부리던 동기들이 떠오르기도 했습니다.

언뜻 보면, 자유와 순종은 정 반대의 뜻처럼 보입니다. 자유는 말 그대로 자유롭고 홀가분한 상태이지만, 순종은 반대로 개인의 의지가 결핍된 상태나 자유가 제한된 구속의 상태로 이해되는 편입니다. 자유와 순종 중 하나를 선택하라 한다면, 대개의 사람들은 아무래도 자유를 선택할 것입니다. 그것은 바로 '나의 자유'를 원하기 때문입니다.

그런데 생각해 보십시오. '나의 자유'를 원한다면 그것은 무엇을 뜻합니까? 이는 '나로써 구속'되어 있음을 동시에 보여 주고 있는 것입니다. 자유를 원하는 것도 '나'이고, 그렇기 때문에 동시에 구속된 것도 '나'입니다. '나'가 이 근본의 원인입니다. 우리가 서로 반대되는 의미라고 믿고 있고, 그렇게 따르고 있는 구속과 자유의 근본 원인이 바로 '나'에 있다는 것입니다.

그렇다면 이 '나'라는 것이 해체된다면 어찌될까요? 구속과 자유는 '나'에 기생해 존재할 수밖에 없는 관념입니다. 그래서 이 관념들이 기생할 수 있는 '나'라는 견고한 기둥이 허물어진다면, 구속과 자유라는 관념은 뿌리박을 곳이 없어 흘러가는 바람처럼 되고야 맙니다. 바람은 산에서도 불어오고, 계곡으로도 흘러 들어가기도 합니다. 이른 새벽에는 차가운 바람이지만, 오후에는 봄의 따뜻한 바람으로 다가오기도 합니다. 인연 따라 다양하게 펼쳐지기는 하지만, 붙잡고 세울 수 있는 실체가 없는 흐름입니다.

애초부터 문제는 자유냐 순종이냐 이런 것들이 아니라는 것입니다. '나'를 고집하면 자유와 순종이 정 반대의 의미가 되어 선호와 거부가 분명하겠지만, '나'마저 보내버릴 수 있다면, 자유와 순종은 바람과 같이 여러 다채로운 인연에 의해서 펼쳐진 양상이 되는 것입니다.

'진리가 너희를 자유케 하리라.' 여기서 '너희'는 누구입니까? 당시 예수님의 말씀을 듣고 있던 유대인들일까요? 예수님을 믿는 기독교인일까요? 아니면 이 글을 보고 있는 '나' 혹은 어떤 '사람'일까요? 그렇게 생각해도 상관은 없습니다. 그러나 진리는 결코 편협하지 않습니다. 편협한 건 우리의 생각일 뿐입니다.

'너희'는 그 모든 존재와 상황입니다. 그렇기에 이 전체입니다. 결코 몸뚱이에 구속되어서 살아가고 있는 '사람'만 뜻하는 게 아니라는 것입니다. 사람만이 가지는 생각이라는 것에 기반한 아주 견고한 착각입니다. 진리는 그 모든 존재를, 그 모든 상황으로 자유롭게 합니다. 텅 빈 하늘은 흰 조각구름과 노란 단풍으로 자유롭게 하고, 새벽에 산에서 불어오는 차가운 바람으로 자유롭게 하고, 아침을 여는 까마귀 울음으로 자유롭게 하고, 속을 아리게 하는 빈속의 쓸쓸한 커피 맛으로 자유롭게 하고, 뭔 잘못을 했는지 새들에게 대가리 쪼여서 마룻바닥에 풀죽어 숨어있는 고양이로 자유롭게 하고, 매일매일 오른쪽 왼쪽 바꿔가는 코막힘으로 자유롭게 하고, 화목 보일러에서 나무가 타며 내는 매캐한 내음으로 자유롭게 하고, 나흘 전 산에서 실족사해 죽었다는 도반 소식을 듣는 우울함으로도 자유롭게 합니다.

문제는 분명합니다. 사람은 진리를 대함에, 진리를 알려고 하고 소유하려고 합니다. 모든 게 이 '나' 때문입니다. 이 '나'가 강하기에, 그러한 우리의 오래된 업業과 습習 때문에, 진리에 순종하라는 말이 나오는 것입니다. 진리에 '나'를 온통 내맡기고, 진리에 '나'를 온전히 내던지라는 것입니다. 그렇게 진리에 완전히 순종하게 되었을 때, 진리는 그 모든 존재가 되며 그 모든 상황을 자유롭게 했던 것과 마찬가지로 '나'마저도 자유롭게 만들어 줍니다. 여전히 같은 '나'이지만, 엄연히 다른 '나'입니다. 이전의 '나'는 몸과 생각에 갇혀서, 몸과 생각에 휘둘리고 굴림을 받으며 살아가는 작은 중심으로서의 '나'였지만, 이후의 '나'는 그 모든 존재와 상황에 자연스럽게 인연하여 흘러가면서 적절하게 노릇하는 전체로서의 '나'입니다. '나'이지만 동시에 전체이고, 전체이지만 여전히 분명한 '나'입니다. 이전에는 몸뚱이에 구속되었지만, 이후에는 몸뚱이로서도 자유롭게 됩니다. 이전에는 생각에 의해 굴림을 받았지만, 이후에는 생각이 자유롭게 흐릅니다. 비슷한 듯하지만, 이전과 이후의 차이는 엄격하고 분명합니다.

완전한 순종은 완전한 자유이며, 온전한 자유는 온전한 순종입니다. 이 완전함과 온전함을 단지 '진리'라 이름 부르는 것뿐입니다. 우리는 애초부터 이 진리로부터 벗어나려야 벗어날 수가 없었습니다. 그러나 어쩐 이유에선지 몸과 생각에 갇혀 살고야 말았습니다. 그러고는 몸과 생각에 기반을 둔 '나'를 만들었습니다. 그렇게 생긴 '나'는 진리를 대상으로 구하려고 하고 앎의 형태로 소유하려 합니다. 정말 오래되고 큰 착각입니다.

우리는 본래 그래왔던 대로 전체로 살아야 합니다. '나'라는 중심을 두고, 이 작은 몸뚱이와 그 별 볼 일 없는 생각에 갇혀 살면 안 됩니다. 전체라는 중심 없는 중심으로 살게 되면, 그때부턴 몸뚱이도 잘 놀리면서, 생각도 잘 굴리면서, 그렇게 나로서 잘 노릇하게 됩니다. '나'는 결코 중심이 아니라, '노릇'입니다. 진정한 중심은 중심이랄 바를 전혀 세울 수 없는 이 전체입니다. 중심이 없을 때에야 비로소 진정한 중심입니다. 만일 이러한 온전함으로 돌아간다면 진리를 순종이라고 말해도 되고 자유라 칭해도 상관없습니다. 그러나 온전함으로 돌아가지 못하고 '나'를 중심으로 붙들고자 한다면, 자유라 해도 틀렸고, 순종이라고 해도 여전히 어긋나는 일입니다.

도대체 진리가 무엇일까, '나'는 도대체 무엇인가. 이 의심을 놓치면 안 됩니다. 이 의심이 다하여 생각마저도 근원 없는 곳에 이르게 된다면, 그때부턴 보고 듣고 만지고 생각하는 대상에 더이상 휘둘리지 않고, 봄으로써 들음으로써 만짐으로써 생각함으로써 그렇게 그 모든 순간이며 상황들이 한없이 진실해질 것입니다.

나옹 선사의 게송입니다.

아미타불이 어디에 있는가?
마음에 꽉 붙들어 절대 잊어버리지 말라
생각이 나아가고 생각이 다해, 생각 없는 곳에 이르면
6문(안이비설신의)◆에서 항상 자금의 광명이 빛나리라

阿彌陀佛 在何方
着得心頭 切莫亡
念到念窮 無念處
六門常放 紫金光

◆ 안이비설신의眼耳鼻舌身意 : 눈으로 보고, 귀로 듣고, 코로 냄새 맡고, 혀로 맛보고, 몸으로 감지하고, 뜻으로 헤아리는 등 사물을 감지하고 인식하는 우리 몸의 6가지 작용.

텅 빈 충만

대학에 다닐 때였습니다. 용산전자상가에서 시디플레이어를 사려고 18만 원을 모아두었습니다. 몇 달간 열심히 모은 돈이었습니다. 그런데 돈을 다 모아놓고도 학교 일이 바빠, 한동안 다이어리 메모 첩에 만 원짜리 18장을 끼워놓고 다녔습니다. 그런데 어느 날, 학교 전산실에서 리포트를 쓰다가 잠시 자리를 비운 사이 다이어리가 없어졌습니다. 졸지에 18만 원도 사라졌습니다. 주변 사람들에게 다이어리 행방을 물었지만 다들 모른다고 했습니다. 크게 낙심하여 전산실을 나왔습니다. 시디플레이어를 사서 음악을 들어야 하는데, 그렇게 하려고 모은 돈인데…, 신촌역 쪽으로 걸어 내려가는 길, 네온사인으로 번득이는 가게들이 눈에 들어왔습니다. 제 마음은 암담하고 우울하기만 한데, 눈앞의 가게들은 여전히 형형색색으로 화려했고 거리는 사람들의 활기로 넘쳐났습니다.

'나는 이토록 우울한데, 이 신촌 거리는 여전히 활기차다. 이건 뭘까. 왜 이럴까…'

그러던 차 문득 이 신촌 지역에서 하루 동안 오가는 돈은 얼마나 될까, 궁금해졌습니다. 여기 작은 골목에서만 오늘 하루 수천만 원, 수억 원이 오가겠지. 그리고 이 신촌에서는 오늘 하루 수십 억이 오고 가겠지. 서울에는 종로도 있고 대학로도 있고 강남도 있으니까, 서울에서는 도대체 얼마나 많은 돈이 오고 갈까? 아마 수천억, 수조가 오고 가겠지. 이렇게 생각하다 보니, 상상도 하지 못할 만큼의 돈이 오고가는 서울에서 고작 18만 원이 없어졌다고 세상에서 제일 낙심해 있는 제 처지가 우스워졌습니다. 18만 원. 물론 지금도 작은 돈은 아닙니다. 그러나 서울에서만도 하루 수백 조, 수천 조가 끊임없이 오가는 거대한 돈의 흐름 속에서 18만 원은 정말 작은 돈입니다. 당시 벌어진 일은 어찌 보자면 18만 원이 '이곳'에서 '저곳'으로 옮겨간 것이었습니다. 서울 전체로 보자면 아주 미세하고 보잘 것 없는 변화입니다. 그런데 이 작은 흐름의 변화 때문에 온 세상을 암울하게 만들어버린 제 생각이며 상황이 우스워졌던 것입니다. 고작 18만 원 때문에…. 그렇게 신촌 거리를 걸으며 혼자 실없이 웃어버렸습니다.

정호승 시인은 책상 앞에 토성 사진을 붙여놓고 자주 바라본다고 합니다. 그런데 사실 시인은 이 사진을 토성이 아니라 지구를 보기 위해서 붙여놓은 것이었습니다. 토성 고리 저편에 마치 볼펜 똥처럼 보이는 작은 점이 지구였습니다. 시인은 처음으로 그 사진을 보고 가슴이 쿵 내려앉았다고 합니다.

'상상도 할 수 없을 정도로 넓은 우주의 수많은 별 중에서 지구라는 작은 별, 그 지구에서도 아시아, 아시아에서도 대한민국, 그 속에서도 서울이라는 곳의 한 작은 아파트에 사는 나는 얼마나 작은 존재인가. 그런데 무엇을 더 얻고 소유하기 위해 욕심 가득 찬 마음으로 매일 전쟁을 치르듯이 아옹다옹 살고 있는가.'

제가 그랬습니다. 이 거대한 우주에서 고작 18만 원 잃어버린 것 때문에 상심해 있던 제가 문득 우스워진 것입니다. 사람의 마음이란 게 작으면 이를 데 없이 작아 바늘도 찌를 수 없을 정도로 작아지고, 다른 사람 말이 들어오지 않을 정도로 편협할 수도 있습니다. 그러나 크다고 하면 여러 사람의 삶도 끌어안고, 산이나 바다도 품을 수 있습니다. 그리고 정말로 크다면, 이 세상과 우주마저도 담을 수 있을 것입니다. 마음이 이렇게 자유자재로 그 크기가 변화할 수 있는 이유는 단순합니다.

마음에는 본래 크기라는 게 없습니다. 하지만 없다는 데 머물지 않습니다. 크기가 없기에, 오히려 그 모든 크기로 자유자재하게 변할 수 있는 게 바로 마음입니다.

살다 보면 내가 직면한 어느 하나의 일, 혹 어떤 상황이 큰일처럼 느껴지는 때가 많습니다. 그게 큰일이 되고 중요한 일처럼 여겨지는 것은 '내 안'에 갇혀 있기 때문입니다. '나'란 존재를 이 몸뚱이로 착각해서 그 안에 가둬두기 때문에 벌어지는 일들입니다. 우주에서 생활하다가 귀환한 우주인들은 나중에 환경주의자나 생태주의자가 되는 경우가 많다고들 합니다. 아마도 우주의 크기를 직접 느끼면서 살아온 경험이, 몸에 근거를 둔 작은 나에만 머물지 않고 더 큰 가치를 추구하게끔 이끌지 않았나 합니다. 그렇기에 경험이 중요합니다. 나 자신이 실제로 하는 수행이 중요하다는 뜻입니다. 저는 글을 통해서나, 저를 찾아오시는 분들에게 간혹 '전체로 사세요'라는 말을 건넵니다. 몸을 근거로 나를 따로 두고 있으면 이 우주로, 이 전체로 산다는 것은 도무지 말이 되지 않습니다. 부디 몸을 근간으로 하는 미망과 집착을 벗어나야 합니다. 벗어나 보면 자연스레 알게 됩니다. 벗어나면 전체가 있는 그대로 드러나게 되어있습니다. 그 전체를 이름하여 '마음'이라고 했습니다. '일체유심一切唯心'. 일체가 오직 마음입니다.

일체가 마음인 만큼 마음은 일체만큼 크게 먹어야 합니다. 하지만 마음이란 게 '크게 먹어야지'라고 해서 크게 키울 수 있는 것은 아닙니다. 마음을 크게 하는 좋은 방법이 있습니다. 그건 비우는 것입니다. 비우는 만큼 마음은 커집니다. 그렇기에 본 마음은 허공과 같습니다. 온 전체로 비워졌기에 그 모든 것을 품을 수도 있는 허공입니다. 그렇기에 옛 어른들께선 마음을 종종 허공에 비유하신 것입니다. 비워서 커지고, 커지면서 비워지기에, 사람도 들어오고 세상도 들어오고 온갖 일도 다 들어옵니다. 그 어느 것이 오더라도 다 받아들입니다.

그러나 행여 나쁜 일이 들어올까 하는 걱정은 마십시오. 허용이라 함은 들어오는 것만 허용하는 게 아니라 나가는 것도 허용하는 것이기 때문입니다. 자유로이 들어오며 자유로이 나갑니다. 마음은 애초부터 이 왕래를 자유롭게 허용했습니다. 그러나 나라는 존재는 본래 큰마음을 나의 것으로 귀속시켜 작게 만들어버리고는, 들어오고 나가는 내용물들을 검열하는 역할을 하게끔 만들어버렸던 것입니다.

비움의 수행은 참 좋습니다. 부디 비우는 수행을 멈추지 마십시오. 비우고 비우다 보면 어느 순간 전체로 비워져 있음을 확인하실 겁니다. 그러나 전체는 비워져 있는 것만이 아닙니다. 동시에 그 모든 것으로 꽉 차 있는 것이기도 합니다. 그 누군가가 이러함을 이리 말하기도 합니다. 텅 빈 충만이라고요….

무소유

법정 스님의 〈무소유〉는 소유에 대한 간략하면서도 명쾌한 깨달음을
담은 에세이입니다. 내용을 요약하면 이렇습니다. 어느 날 법정 스님
은 운허 노장님을 뵈러 출타를 하셨습니다. 그런데 절 밖으로 한참 나
가신 뒤에야, 선물로 받은 난초 두 분을 그만 햇볕에 그대로 놓고 온
사실을 깨달았습니다. 서둘러 처소로 돌아와 보니 난초는 이미 뜨거
운 햇볕에 시들시들해져서, 생생한 기운이 다 빠져있는 모습이었습니
다. 이 일을 겪은 뒤 법정 스님은 자신이 난초에 지독하게 집착했음을
깨달았고, 친구에게 난초 분을 주며 그 얽매임에서 벗어나게 되었다는
것이 주된 이야기입니다.

　많은 사람들이 이 글을 보고 '너무 많은 것을 소유하지 말아야 한
다', 혹은 '소유하더라도 적절한 수준에서 머물러야 한다'고 소유의 뜻
을 새깁니다. 틀린 말은 아닙니다. 하지만 법정 스님이 〈무소유〉를 통
해 소유하지 말아야 한다고 한 것은 난초와 같은 어떤 물건이나 대상
만이 아닙니다. 진정한 무소유란 대상에 관한 것이 아닙니다. 대상에
집착하지 않는 것, 달리 말하면 집착을 소유하지 않음이야말로 어찌
보면 진정한 의미의 무소유입니다.

　대상 자체에 대한 소유와 대상에 대한 집착은 엄연히 다릅니다.
하지만 우리는 많은 대상을 소유함으로써 동시에 그만큼 집착도 소유

하게 되어있습니다. 중생심이란 소유와 집착이 동시에 일어나는 마음입니다. 〈무소유〉에서 법정 스님은 난초를 너무나도 좋아한 나머지, 이에 대한 집착마저도 함께 소유해버린 것에 대한 고통을 스스로 느끼고, 이러한 마음을 성찰하신 것입니다.

소유와 집착이 엄연히 다름은 부처님과 수다타 장자와의 대화에서 잘 드러납니다. 외롭고 홀로 있는 사람들을 위해 보시를 해온 수다타 장자는 부처님에게 기원정사를 지어 바치기도 한 인물입니다. 그런 수다타 장자가 어느 날 부처님의 법문을 듣다 자신이 많은 재산을 가진 것에 부담을 느끼고는, 부처님께 자신의 모든 재산을 가난한 이들에게 나눠 주고 공부를 하겠다는 뜻을 내비쳤습니다. 그러자 부처님은 수다타 장자의 뜻을 만류하면서, 수다타 장자가 도리어 더 많은 재산을 가져도 되는 사람이라고 공언했습니다. 부처님은 수다타 장자가 수많은 재물을 소유했으되, 그 재물에 집착하지 않고 있음을 잘 아셨던 것입니다. 집착하지 않는다면 소유의 크기 여부는 큰 문제가 되지 않습니다.

소유는 대상을 나의 것으로 고정시키는 것입니다. 하지만 소유의 진정한 목적은 쓰임에 있습니다. 쓰임이란 인연과 상황에 따라 흐르는 속성을 가진 것이지, 어디 한 군데에 고착되어 있는 것이 아닙니다. 그래서 진정한 의미의 소유란 쓰임이고, 쓰임은 곧 인연에 맞추어 흐르는 것입니다. 고정된 실체가 없이 인연에 응함이 곧 쓰임의 진정한 속성입니다. 하지만 이것이 단지 쓰임만의 일일까요. 이는 사실 우리의 존재에 관한 것이기도 합니다. 고정된 실체 없이, 인연에 따라 상응하며 흘러나가는 것. 이것이 우리가 존재하는 본래의 모습인 것입니다. 석가모니 부처님은 연기緣起에 기반해서 이를 잘 설명해 주셨던 것입니다.

소유에 대한 새로운 관점을 도출해내는 것이 중요한 게 아닙니다. 존재에 대한 성찰이 엄격하고 면밀하게 이루어져야 합니다. 존재의 속성을 잘 파악하면, 존재로 잘 돌아가면, 소유에 대한 바른 이해가 자연스레 찾아오게 됩니다. '독립된 내'가 '고정된 이것'을 가지는 게 소유의 의미가 아닙니다. 소유는 나와 이것의 연기적 관계성에 대한 성찰입니다. 존재라는 것이 고정되어 독립된 주체인 것이 아닌 연기적 흐름이듯, 소유나 관계 역시 고정될 수 있는 것이 아닌 자연스러운 전체의 흐름입니다.

소유와 존재에 대한 연기적 관계성을 만나지 못하면, 소유하는 내가 따로 있고, 또 소유물로서의 대상이 따로 있게 됩니다. 그러할 적에 생기는 나와 대상의 간극은 분리감과 집착을 형성하고, 사람을 분별의 고통으로 몰아넣게 됩니다. 이 분리감과 이원성에 머무는 이상, 우리는 그 간극을 채우기 위한 집착으로 괴로울 수밖에 없습니다. 석가모니 부처님이 가르쳐 주신 연기의 관계성이나 대승에서 말하는 공空의 바탕을 온전한 하나의 전체로 체화할 때에야 비로소 우리는 온전한 존재의 모습을 확인할 수 있습니다. 이렇게 존재가 확인될 적에 소유 역시 제자리를 알맞게 찾아들어 갑니다. 비록 말은 다를지언정, 존재나 소유는 그 근본의 속성이 똑같습니다.

비움과 흐름, 이 두 가지입니다.

다시 태어나도 우리

많은 사람들이 〈다시 태어나도 우리〉라는 다큐 영화를 보고, 해맑고 착한 아이이자 린포체로서의 앙뚜와 스승이자 제자로서 앙뚜를 위해 모든 인생을 헌신하는 노승老僧 우르갼의 순수한 교감과 우정을 느끼며 무한한 감동을 받습니다. 저 역시 티베트 국경을 향해 눈길을 헤쳐 나가는 앙뚜와 우르갼의 모습에서, 그 어딘가 있을 티베트 사원 제자들을 향해 앙뚜가 어서 자신을 데리러 오라고 소리나팔을 불 때 눈물이 흘러내렸습니다. 그런 한편으로 다큐를 보고 난 뒤 이런 생각이 들기도 하였습니다. 만일 내가 앙뚜라면, 앙뚜의 입장에 있었다면 어땠을까.

린포체는 티베트 불교를 유지하는 전통입니다. 몸을 바꿔서 다시 환생하는 고승이자, 살아있는 부처가 바로 린포체입니다. 하지만 중국이 티베트를 점령한 지금의 정치적 상황에서 앙뚜와 우르갼이 돌아가려는 전통이 살아날 가능성은 희박해 보입니다. 이상적인 정체성과 현실적인 구속이라는 간극 때문에, 앙뚜는 자신이 가야 할 있는지도 없는지도 모르는 티베트의 절에 돌아갈 수도 없고, 자신의 절이 없기에 린포체로서의 실제적인 인정도 받지 못하는 상황입니다. 그래서 질문을 하게 된 것입니다. 만일 내가 앙뚜라면 어땠을까.

린포체는 앙뚜가 지닌 정체성이기도 하지만, 그 정체성도 선택할 수 있는 것이라고 생각하고 있습니다. 린포체나 달라이 라마 전통에 따르자면, 전생에서의 수행과 깨달음이 현생에까지 그대로 이어지는 것은 아닙니다. 똑같은 사람이 단지 몸만 바뀌서 똑같은 상태로 태어나는 게 아니라는 것입니다. 그렇기에 설혹 린포체나 달라이 라마로 인정이 되었다 하더라도 처음부터 다시 불교를 배우고, 다시 수행을 해야만 합니다. 전생의 후신으로 인정받는 것이지 개체로서의 동일성은 유지될 수 있는 것이 아니기에, 각 린포체나 달라이 라마마다 다른 성격과 성향을 지니게 되는 것입니다.

저는 린포체 앙뚜가 평범한 소년 앙뚜로 살아가는 것 또한 좋을 것이란 생각이 듭니다. 린포체가 불교를 유지하는 전통이라고 해도, 사람의 선택권은 분명하게 있습니다. 린포체라는 전통 때문에 오히려 괴롭고 힘들다면, 그걸 내려놓는 것도 한 가지 방법일 수 있다는 겁니다. 자유란 지금 곧장 실현이 되는 것이어야지, 린포체를 인가받고, 또 린포체로서 절을 가져야지만 성취될 수 있는 것은 아니라 생각합니다. 아무리 좋은 린포체 전통이라고 해도, 스스로를 구속하고 삶의 자유를 제한하는 것이라면, 그것을 과감히 포기할 수도 있어야 합니다. 제아무리 좋은 틀이라고 해도, 나를 분별에 밀어 넣고 자유를 구속한다면 포기할 수도 있는 것입니다.

저는 포기를 말하는 게 아닙니다.
포기하는 자유를 말하고자 함입니다.

포기하는 자유로 나아간다면, 앙뚜는 전생에 스승 노릇을 했던 티베트

265

의 절로 돌아가지 못하는 실패한 린포체로서 살아갈 것이 아니라, 지금의 네팔에서 순수한 열 살 소년으로서 자신만의 삶을 자신의 방식대로 살아갈 수도 있습니다. 성공하는 것만이 자유가 아닙니다. 실패도, 포기도, 순응도 모두 자유입니다. 그 모두가 자유에서 벌어지는 일들입니다.

실패한 린포체로서 살아갈 것인가, 아니면 그 실패마저도 수용한 열 살 소년 앙뚜로서 살아갈 것인가는 그 삶을 살아가는 앙뚜에게 맡길 일입니다. 언제나 그렇듯 선택은 자유입니다. 그리고 그 자유에는 항상 책임이 뒤따르게 되어있습니다. 이 선택을 분명하게 하고 책임을 지어야 할 때가, 소년 앙뚜가 점차로 나이가 들어가면서 분명하게 찾아올 것입니다.

묵언

묵언은 말을 하지 않는 게 아닙니다.

묵언을 하는 목적은 생각을 쉬는 데 있습니다. 말을 많이 할수록 필요 이상의 생각을 하게 되고, 생각이 많을수록 말이 많아집니다. 그렇기에 묵언은 생각을 어떻게든 가라앉혀 보겠다는 노력으로서의 인위적인 수행인 면도 강합니다. 그간 안거를 나면서 묵언을 한 스님들을 여럿 보았습니다. 그런데 대부분 그 묵언하는 안거 기간 동안 표정이 굳어 있습니다. 생각은 끊임없이 일어나는데, 이 생각들을 묵언이라는 족쇄로 가두어 놓으려 하니 생기는 필연적인 부작용입니다. 그러니 묵언을 하는 본인도 힘들고 그러한 사람을 대하는 상대방도 힘들어집니다.

그러나 생각을 쉬려는 의도는 사실상 옳지 않습니다. 생각 자체나, 생각이 일어남에는 사실 아무런 잘못이 없습니다. 생각은 그냥 일어나는 것이고, 그냥 머무르다가, 종국엔 그냥 사라집니다. 생각도 이렇게 성주괴공成住壞空하는 흐름입니다. 다만 그 생각을 멈추려고 하는 내가 잘못이고, 일어난 생각을 판단하는 내가 잘못이고, 그 생각들 중 마음에 드는 것들만 취하려는 내가 잘못입니다. 그 모든 잘못은 나입니다. 그러나 사람은 이러한 나라는 잘못을 곧장 보지 못합니다. 그래서 그 모든 죄과를 전혀 무고한 생각이나 그 대상에 씌워버립니다.

267

나라는 잘못의 근원을 어떻게든 피하고 인정하지 않았던 참 오래되고 견고한 습관입니다.

진정한 묵언은 말이 없는 게 아닙니다. 말하면서 말한 바가 없고, 말한 바가 없음으로 말을 하는 것, 이것이야말로 진정한 묵언입니다.

묵언은 말을 쉬는 게 아닙니다. 그 분별하는 태도를 쉬는 것입니다. 무엇이 옳다 그르다, 이것이 낫다 못하다, 저것이 있다 없다, 심지어는 말을 한다 안 한다, 이런 분별마저도 쉬게 될 적에야 비로소 참다운 묵언입니다.

분별을 잘 쉬게 되면, 말없음(默)과 말함(言)이 결코 반대의 것으로 나뉘지는 않습니다. 단지 인연에 따라 말함이요, 인연에 따라 말 없음입니다. 묵언이라는 말의 형식에만 매달려 말을 억지로 가라앉히거나, 말 있음과 말 없음 중 어느 하나를 골라서 택하거나, 이 둘을 반대로 여겨서 하나를 좋아하고 다른 하나를 싫어한다면 결코 묵언이 될 수 없습니다. 근본적으로 분별하는 그 태도를 제대로 쉬지 못하기 때문입니다. 그렇기에 분별심을 제대로 멈춘다면, 참다운 묵언은 말없음에 머무르지 않고, 말함에도 구애받지 않게 됩니다.

여기에 한 번 더 나아가자면, 진정한 묵언은 '말'의 문제 또한 아닙니다. 분별하는 마음을 멈추어 고요해질 적에, 그와 동시에 생생함으로 살아남이 묵언입니다. 아침에 내린 커피는 반으로 줄었지만 그 향은 여전합니다. 커피도 이렇게 훌륭하게 묵언을 할 줄 압니다. 그런데 이 묵언이 단지 커피뿐이겠습니까. 기왓장에 떨어져 내리는 빗소리는 나지막하고, 산골에서 불어오는 아침 바람은 시원하고, 물웅덩이에 떨어진 벚꽃잎은 여전히 하얗습니다.

사람만 묵언하는 게 아닙니다. 이미 온 세상이 묵언으로 생생하게 살아있습니다. 커피는 향기로서, 비는 소리로서, 바람은 느낌으로서, 벚꽃잎은 보임으로써 여실하게 묵언을 드러내 주고 있는 것입니다.

한소식 일러 봐라

아는 스님이 출가해서 유명한 큰스님의 상좌가 되었습니다. 출가를 마음먹고 큰스님께 인사를 드리니 스님이 대뜸 "한소식(깨달음) 일러봐라"라고 하셨답니다. 그 말을 듣고 난 뒤에 스님은 마당에 있는 종각으로 가서 종을 한번 크게 쳤습니다. 이를 보곤 큰스님이 마음에 드셨는지 한바탕 기분 좋게 웃으셨다고 합니다.

보통의 경계는 인정을 안 하는 아주 엄정하신 큰스님이셨는데, 대종 한번 치는 그 대답이 썩 맘에 드셨나 봅니다. 나중에 다른 제자 스님 몇몇이 그 스님에게 찾아가 은근슬쩍 물어 보았습니다. 큰스님이 기분 좋게 웃으신 모습도 정말 희유하려니와, 도대체 무슨 살림살이가 있는지, 나름 기대를 한 것이었습니다.

그런데 종을 친 스님의 대답이 의외로 단순하고 재미있습니다. 한소식 일러 보라는 큰스님의 말씀이 떨어졌으니, 뭐라도 하긴 해야 할 듯싶어 주위를 둘러보니 마침 대종이 보였다고 합니다. 그래서 그냥 종각으로 성큼성큼 걸어가서 대종을 한번 쳤다는 겁니다. 특별한 살림살이라는 게 있어서, 법法을 알아서 그런 게 아니라 그냥 눈앞에 대종이 보여서 쳤다는 거지요.

뭔가 대단한 공부가 있는 줄 알고 이를 물어 본 스님들이 실망했는지도 모릅니다. 그냥 보여서 종을 쳤다고 솔직하게 대답했으니 말이죠. 하지만 제가 보기엔 그렇지 않습니다. 그 스님은 출가 때부터 아주 뛰어난 근기를 가지고 들어온 수행자였습니다.

불교를 좀 알거나, 선어록 좀 뒤져 보고, 법거량을 주워들어 본 사람이라면, 주먹을 쥐어 올리거나 방바닥을 치거나, 아니면 '방바닥이 노랗습니다'라고 말하기도 하고, 아님 할喝을 외치고, 무無를 길게 늘어뜨리고, 큰스님 주변을 세 바퀴 돌고… 등의 대꾸를 하기도 할 겁니다. 이러한 것들은 다들 어디서 주워듣고 배운 것들이라 그다지 별 볼 일 없는 소식입니다.

제가 그 스님을 참 좋게 보는 이유는 그 순수함과 단순함 때문입니다. 큰스님이 "한소식 일러 봐라"라고 말해버리면, 그 앞에서 마음이 허둥지둥하거나 혼비백산해서 눈앞이 하얘지는 경우가 대부분입니다. 기껏 정신 차리고 보면, 이제 뭘 해야 할까, 무엇이라도 보여 드려야 할까, 생각합니다. 그런데 생각하면서도 스스로 고민하는 경우가 많습니다. 그렇기에 그 한소식을 드러냄이 망설여집니다. 보통 사람들은 이렇게 주저주저합니다. 생각의 사슬에서 쉽게 벗어나지 못하는 겁니다. 그런데 스님은 전혀 주저하지 않았습니다. 그저 눈앞에 종이 보여서 쳤다는 것입니다.

주저주저하는 사람에겐 애초부터 이 종이 보이지도 않지요. 설사 종이 보인다 하더라도 '저 종을 쳐도 될까, 치면 안 될까, 세게 칠까 약하게 칠까, 그런데 이렇게 종 친다 해도 옳은 걸까 틀린 걸까….' 이러한 생각들로 복잡합니다. 그런데 큰스님이 보고 싶은 건 애초부터 그 대답들의 형태가 아니었습니다. 대답을 드러내는 사람의 자신감과 분

271

명함이지요. 대답은 애초부터 중요한 것이 아니었던 겁니다. 그 대답엔 애초부터 옳고 그름이 없고, 그 대답을 평가하는 점수 또한 없습니다. 시비와 점수는 그것을 고민하는 사람의 것이지, 시비와 점수를 떠난 사람은 단지 그 분명함으로 사람을 보는 것뿐입니다. 비록 스님 스스로 아무것도 모른 상태로 그렇게 그냥 눈에 보여서 종을 쳤다고 했지만, 전혀 실망스러운 게 아닙니다. 생각으로 혼동되는 것보다는, 단순함으로 대응하는 것이 어떻게 보면 수행하는 데 있어서 훨씬 소중한 자량이 되기 때문입니다.

그냥 별 생각 없이 종 한번 '댕~!'
참 말끔하고도 멋진 살림입니다.

뒷날 큰스님께서 원주스님에게 얘기했답니다. "저 대종 아무나 못 치게 종각 문 잠가 놔라~"라고요.
예, 따라 하면 이미 늦은 겁니다.

새해 첫 하루

새해 아침, 한 친구가 물었습니다.

"스님, 새해를 맞는 결의가 어찌 되세요?"

제가 대답했습니다.

"올 한 해도 되는대로 살겠습니다."

'되는대로 삽니다.' 오래전부터 저에게 안부를 묻는 이들에게 해주는 말입니다. 예부터 그러했고 지금도 그러하며 앞으로도 그러할 것입니다.

2017년 새해 첫날, 도봉산은 새해 첫 일출을 보려는 사람들로 북적였습니다. 새벽부터 선원 밖에서 두런두런 소리가 들려왔습니다. 도봉산에서 보면, 수락산 옆으로 보이는 남양주 두물머리께 산등성이에서 해가 뜨고, 파주 쪽으로는 해가 집니다. 망월사 천중선원은 한자리에서 매일같이 아름다운 일출과 일몰을 볼 수 있는 천 년 명당 터입니다. 우리가 하루 중에 해를 볼 수 있는 때는 딱 2번, 일출과 일몰 때입니다. 밤과 낮이 바뀌는 이때 비로소 눈을 감지 않고도 해를 똑바로 볼 수 있습니다. 낮에는 그 빛이 너무 밝아서 보지 못하고, 밤에는 땅 반대편으로 넘어가니 못 봅니다. 일출과 일몰 때만 해가 뜨는구나, 해가 지는구나, 하면서 해를 볼 수 있는 것입니다. 그렇기에 일출과 일몰 시간을 제외한 대부분의 시간에 우리는 해의 존재를 인지하지 못

273

합니다. 낮에는 '낮이라서 밝은 때'라 생각하고, 밤에는 '밤이니까 당연히 어둡다'고 생각합니다. 빛이라는 근원보다는 그 작용에 너무 익숙해져버린 탓입니다. 사실 낮이건 밤이건, 밝을 때든 어두울 때든, 해는 항상 우리 주변에 있어 왔습니다. 진리는 어찌 보면 해와 비슷합니다. 우리가 보든 말든, 인식하든 말든, 당연히 여기든 말든, 추측을 하는 말든, 항상 우리 곁에 있어 왔습니다. 단 한 순간도 우리의 곁을 떠난 적이 없는데, 우리는 조건에 따라 이 진리를 어슴푸레 인식하기도 하고, 감탄하기도 합니다. 하지만 대부분의 시간에 해가 있다는 사실을 곧잘 잊어버리고 다른 일에 몰두하며 이 낮과 밤을, 빛과 어둠을 당연하게 여깁니다. 공기 중의 산소를 너무 당연하게 받아들인 나머지, 숨 쉬는 것을 전혀 느끼지 못하는 것처럼 말입니다. 관성이 주는 익숙함이란 이렇게 우리에게 덧씌워진 강한 습성이 됩니다.

비록 우리가 곧잘 잊을지언정, 저 무궁무진한 역할을 하는 해는 일출과 일몰에 그 존재의 장엄함을 보여 줍니다. 장엄함은 해가 산 위로 온전히 둥그런 모습을 나타나는 순간과 산 너머로 자취를 감추는 때만 드러나는 게 아닙니다. 해의 장엄함은 해가 뜨기 전 어두운 하늘을 서서히 물들이는 전조에서, 해가 지고 난 뒤 서서히 사그라지는 여명의 순간에 극대화됩니다. 아름다운 자취를 남기며 사라질 수 있다는 것에 해가 더욱 숭고해 보이기도 합니다.

해는 우리가 알아주는 것에 관여하지 않고, 예나 지금이나 정말로 필요하고 중요한 일을 아무렇지 않게 그 어떤 의미 없이 해내가고 있습니다. 그런데 해는 우리를 위해 빛을 발하는 것도, 어둠을 드리우는 것도 아닙니다. 본래 있는 인과의 순리를 따르는 것뿐입니다. 다만 일출과 일몰 때처럼, 우리는 삶의 어느 순간에 잠깐씩이나마 그 거대한 존재의 전조와 여명을 새삼스럽게 느끼고 감동받게 되는 것뿐입니다. 하지만 그 감동도 오래 가지 않습니다. 곧 있잖아 그 짧은 감동을 금방 잊어버리고 살게 됩니다. 그렇다고 해가 아쉬워할 일은 전혀 없습니다. 해는 우리의 반응 따위에 개의치 않고 계속 인과의 순리를 따라 움직일 것입니다. 어제 그랬던 것처럼 오늘도 뜨고 지고, 내일도 그렇게 뜨고 지고 할 것입니다. 그 어떤 거대한 위대함은 이런 한 치도 움직인 적 없고 흔들릴 바 없는 무심無心이 아닐까 합니다.

가도 가도 본래 자리요
이르고 이르러도 출발한 그 자리인 것을

行行本處
至至發處

이 흔들릴 바 없는 본래의 자리가 무심입니다.

비록 새해라고는 하지만, 어제 뜬 해나 내일 뜨는 해는 다를 바가 없습니다. 그렇기에 저의 새해 인사도 예나 지금이나 한결같을 것입니다.

새해에도 적당히 건강하고 적당히 행복하세요.

절집에서 큰스님들이 종종 하시는 말씀이 있습니다.
"그건 경전에 나오는 말이고…, 그거 말고 니 얘기를 해봐, 니 얘기."

저는 매일 매일이 정면승부입니다.
오늘도 눈 똑바로 뜨고 여지없이 정면승부를 합니다.

질문이 멈춰지면
스스로 답이 된다
ⓒ 원제

2019년 11월 1일 초판 1쇄 발행
2023년 5월 10일 초판 7쇄 발행

지은이 원제
발행인 박상근(至弘) • 편집인 류지호 • 상무이사 김상기 • 편집이사 양동민
편집 김재호, 양민호, 김소영, 최호승, 하다해 • 디자인 쿠담디자인
제작 김명환 • 마케팅 김대현, 이선호 • 관리 윤정안
콘텐츠국 유권준, 정승채
펴낸 곳 불광출판사 (03169) 서울시 종로구 사직로10길 17 인왕빌딩 301호
　　　 대표전화 02) 420-3200 편집부 02) 420-3300 팩시밀리 02) 420-3400
　　　 출판등록 제300-2009-130호(1979. 10. 10.)

ISBN 978-89-7479-744-7 (03100)

값 16,000원

잘못된 책은 구입하신 서점에서 바꾸어 드립니다.
독자의 의견을 기다립니다. www.bulkwang.co.kr
불광출판사는 (주)불광미디어의 단행본 브랜드입니다.